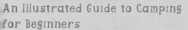
An Illustrated Guide to Camping
for Beginners

Let's Enjoy Camping

ゼロから楽しく始められる！

キャンプの教科書

アウトドアプロデューサー
ネイチャーインタープリター
長谷部雅一［監修］

ナツメ社

さあ、キャンプに

自然の中でのんびりしたい。
みんなでおいしいごはんをつくって食べたい。
焚き火を囲んで語り合いたい。
そう思ったら、キャンプに出かけるのはどうだろう。
日常を離れて自然の中でゆったりとした時間を過ごせば、
身も心もリフレッシュできる。今度の休日は、
気心知れた仲間と一緒にキャンプへ……!

出かけよう！

撮影協力：PICA八ヶ岳明野

キャンプ場に到着!

仲間と協力して荷物運び

テント設営、
がんばりました!
達成感でいっぱい

とりあえず
飲んじゃおう
かな〜

＼ カンパーイ!! ／

キャンプでやってみたい！7つのこと

キャンプごはん、焚き火、星空観察、モーニングコーヒー、散策……。
キャンプの楽しみはいろいろ。キャンプでやってみたいこと、
キャンプでしかできないことを、ぜひ実現させよう！

1 テント設営に挑戦する

張り網、よし！

至福だ〜

2 ハンモックでくつろぐ

何つくろうか？

3 おいしいキャンプごはんをつくる

ジュウジュウ

わぁ、おいしそう！

いただきます♪

自然の中で食べるごはんって、
ほんとおいしい!

4 焚き火を囲んで語り合う

念願の焼き
マシュマロ❤️

火を見ていると
落ち着くね

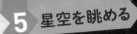

5 星空を眺める

そろそろ
寝ようかな

6 早起きして散歩する

朝の散歩、気持ちいい!

コーヒー豆、
いい香り!

7 こだわりのコーヒーを淹れる

ハイ、
チーズ!

キャンプ、楽しかった!
また行きたいな〜

キャンプの魅力や楽しみ方を教えて！

そもそもキャンプの魅力とは何だろうか。
自然の中に身を置くキャンプならではの楽しみを、
いろいろな角度から見ていこう。

非日常感を味わう

あわただしい日常生活から離れて
"非日常"を体験できるのがキャンプ。周りの目を気にせず、自分らしく思うままに過ごせる。

自然を満喫する

自然の中へ飛び込むキャンプは、春夏秋冬の自然をじかに感じることができる。満天の星など、普段は見られない絶景も楽しめる。

自分でつくり上げる手ごたえを感じる

キャンプでは自分の手で食・住・遊をつくり上げることができる。失敗や苦労もあるが、やりとげたときの達成感は大きい。

仲間や家族と濃密な時間を過ごす

自然の中で、仲間や家族と、自然のサイクルに合わせてゆっくり濃密な時間を過ごせる。その時間は大切な思い出に。

キャンプごはんを楽しむ

大自然の中で味わうごはんは格別！めいっぱい遊んだ後ならなおさらだ。仲間や家族と一緒に調理するのも楽しみのひとつ。

趣味の幅が広がる

キャンプには、旅、自然、料理、アクティビティなど、多彩な要素が詰まっているので、趣味の幅がぐっと広がる。

とにかく自由！

食にこだわる、本を読む、ついでに山登りをするなど、キャンプの過ごし方は自由！

はじめに

　防災やレジャー、ファッション、ビジネスパーソンのあり方など、さまざまな視点でアウトドアがブームになっています。その中でも特にキャンプ人気が高まっているのは、みなさんも実感しているのではないでしょうか? キャンプ人口が増えている一方、「キャンプをしてみたいけれど、なかなか踏み出せない……」「正しいやり方がわからないから、不安で始められない……」という声もよく耳にします。

　キャンプは本来、正解・不正解などなくて、優劣をつけるものでもない、自由な遊びです。そこに正しい・正しくないといった窮屈さが生まれてしまったら、自然の中での極上な時間を楽しめなくなり、本末転倒です。「やりたい!」と思ったらすぐに始められて、だれもが「楽しかった!」と感じられるのがキャンプであるべきだと、僕は思っています。

そこで、"大人が簡単に、そして気軽に自由なキャンプを始められる"ことをテーマに、本書をつくりました。今まで僕がキャンプ教室やメディアなどで受けた質問に対して、いちばんわかりやすいと言っていただけた解決方法や、最も簡単な教え方などを集約して、できるだけやさしくシンプルな表現で記載しています。また、「自分ならこうしたい！」「もっとこうしたほうがさらにいい！」とみなさんに思っていただけるように、余白も大切にしながらつくりました。

この本を手に取っていただき、まずはキャンプを楽しんでみてください。そして、本書を通してキャンプ仲間が増え、さらに自分らしいスタイルを見つけて、自由にキャンプを楽しんでいただけるようになったらうれしいです。

長谷部 雅一

CONTENTS

さぁ、キャンプに出かけよう！ ────── 2
はじめに ──────────────── 10

Chapter 1 キャンプを計画しよう！ ────── 17

やりたいキャンプを考える ────────── 18
　キャンプでやりたいことは？ ──────── 18
　どの季節に行く？ ───────────── 20
　キャンプで考えるポイントは？ ─────── 22
　キャンプの手順は？ ──────────── 24
キャンプ場を選ぶ ────────────── 26
　キャンプ場選びのポイント ──────── 26
　キャンプ場のロケーション ──────── 28
　サイトの種類 ────────────── 30
　キャンプ場の全体像・各設備 ─────── 32
　キャンプ場利用時の注意点・マナー ──── 34
スケジュールを立てる ──────────── 37

CAMP COLUMN ① まずは気軽にキャンプデビュー！ ──── 40

Chapter 2 キャンプの道具をそろえよう！──── 41

キャンプに必要な道具 ───────────── 42
　キャンプの道具 チェックリスト ─────── 44
寝室まわりの道具 ────────────── 46
　テント ─────────────────── 46
　シュラフ（寝袋） ─────────────── 50
　マット ─────────────────── 53
リビングまわりの道具 ───────────── 56
　タープ ─────────────────── 56

チェア&テーブル ································ 58
ランタン ·· 62
キッチンまわりの道具 ··················· 64
バーナー ·· 64
クッカー ·· 66
その他の調理器具、食器類 ············· 68
その他のキッチンアイテム ·············· 70
クーラーボックス ··························· 72
その他の道具 ······························ 74
キャンプのウェア ························· 76
春・秋の服装 ································ 76
夏の服装 ······································ 78
冬の服装 ······································ 80
荷物の積み込み ··························· 82

CAMP COLUMN ② キャンプ道具の選び方・買い方 ···· 84

Chapter
3
キャンプをしよう！

············· 85

サイト設営の基本 ························ 86
サイトの選び方 ······························ 86
レイアウトの基本 ··························· 88
ペグ打ち ·· 90
ロープワーク ·································· 92
サイトを設営する ························ 96
タープを張る ·································· 96
テントを張る ·································· 98
テント内のレイアウト ··················· 104
リビングのレイアウト ··················· 106
キャンプ中のトラブル対策 ············ 108
悪天候対策 ·································· 108
暑さ・寒さ対策 ···························· 110

撤収する ──────── 112
　スムーズな撤収のコツ ──────── 112
撤収時の道具の手入れ ──────── 115
　道具の手入れのコツ ──────── 115
　テントの撤収と手入れ ──────── 116
　タープの撤収と手入れ ──────── 118
　ペグの手入れ ──────── 119
　シュラフの手入れと保管 ──────── 120
　マットの手入れと収納 ──────── 121
　テーブル&チェアの手入れ ──────── 122
　バーナーの手入れ ──────── 123
　食器&クッカー／
　クーラーボックスの手入れ ──────── 124

`CAMP COLUMN ③` **小屋泊で快適キャンプ** ──────── 126

Chapter 4 キャンプごはんをつくろう! ── 127

キャンプごはんの心得 ──────── 128
　キャンプごはんのポイント ──────── 128
　アイテムの使い方 ──────── 131
　片付け時のポイント ──────── 132
キャンプごはんに挑戦しよう! ──────── 133
キャンプごはんの基本 ──────── 134
　ごはんを炊く ──────── 134
　炭をおこす ──────── 136
長谷部流 タンドリーチキン ──────── 138
シュバイネハクセ ──────── 140
本気のステーキ ──────── 142
大人のナポリタン ──────── 144
ホットサンド①
キャベツがおいしいハムサンド ──────── 146

ホットサンド②
HAT（ハム・アボカド・トマト）サンド 147

ホットサンド③
キューバサンド風 148

セゴビア地方風マッシュルーム 150

長谷部流 カリーブルスト 151

丸ごとカマンベールチーズフォンデュ 152

満腹パワフルサラダ 154

チキンのミルクスープ 156

アップルのせパイ 157

CAMP COLUMN ❹ キャンプごはんの
メニューに困ったら? 158

Chapter
5
キャンプをもっと楽しもう！ 159

焚き火を楽しむ 160
　焚き火の魅力 160
　焚き火に適した服装 162

焚き火の道具 163
　焚き火台 163
　その他の焚き火道具 164

薪を用意する 166

火をおこす 168

焚き火の片付け 170

季節ごとの楽しみ方 172
　春キャンプの楽しみ 172
　夏キャンプの楽しみ 174
　秋キャンプの楽しみ 176
　冬キャンプの楽しみ 178

自然遊びを楽しむ 180

CAMP COLUMN ❺ キャンプでテントサウナを楽しむ ... 182

Chapter 6 安全・快適に過ごそう！ ----183

キャンプでのケガやリスク ---------------- 184
ケガ・病気を予防するには ------------- 186
応急救護 ------------------------------ 188
　ケガや病気が発生したら -------------- 188
　切り傷・すり傷 --------------------- 190
　トゲが刺さった --------------------- 191
　ハチに刺された --------------------- 192
　目に異物が入った ------------------- 193
　爪が割れた・欠けた ----------------- 193
　打撲・捻挫 ------------------------- 194
　やけど ----------------------------- 195
　熱中症 ----------------------------- 196
　脱水症状 --------------------------- 197
　低体温症 --------------------------- 197
　救急セット ------------------------- 198
さまざまなリスク対策 ---------------- 200
　虫・植物・動物対策 ----------------- 200
　雷から身を守るには ----------------- 202

CAMP COLUMN 6 次のキャンプを
もっと楽しむには? ------------------ 203

知っておきたいキャンプ用語 ----------------- 204
取材・撮影協力／おもな参考文献 --------- 207

Chapter 1

キャンプを 計画しよう！

「キャンプに行ってみたい！」と思ったら、まずはどんなキャンプが
したいのかを考えよう。キャンプ計画やキャンプ場選びのポイント、
キャンプでのマナーやスケジュール例などを紹介する。

やりたいキャンプを考える

キャンプ計画を立てるときに大事なのは、何がしたいかを考えること。
森で、海で、湖で、自分たちがやりたいキャンプをイメージしよう。

キャンプでやりたいことは？

キャンプの目的を考えよう

キャンプ計画の第一歩は「キャンプでやりたいこと」を見つけることから。せっかく時間をかけて計画し、準備をするのだから、自分たちがやりたいキャンプを実現したい。

たとえば、きれいな夕日を見るために絶景スポットのキャンプ場に行く、湖でカヌー体験をするためのキャンプをする、温泉とキャンプをセットにするなど、キャンプは宿泊手段くらいの位置付けで、何らかの目的・テーマのあるキャンプがおすすめだ。

やりたいことが明確になると、いつ・どこに・だれと行くかなど、キャンプの計画も立てやすくなる。まずはキャンプの目的を考えよう。

さまざまなキャンプの目的

1 登山やハイキング

山登り、ハイキング、トレッキングなど、自然歩きを活動のメインにする場合は、登山口やコースの起点周辺にあるキャンプ場を探してみよう。目的地の登山地図があると便利。

2 水辺で遊ぶ

SUP（→P174）やカヌー、カヤック、シュノーケリングなどを楽しむなら、キャンプ場内や近くに湖、川、海がある場所を選ぼう。カヌーなどの使用がNGの場合もあるので事前に確認を。

3 焚き火を楽しむ

焚き火を楽しむなら、夜が長い秋〜冬がおすすめ。直火OKか焚き火台使用か、薪は森で拾って調達するのかなど、自分の好みのスタイルの焚き火ができるキャンプ場を選ぼう。

4 キャンプごはん

アウトドア料理を満喫したいなら、食材にこだわるのもひとつ。新鮮な肉や魚、野菜が手に入る、その土地ならではの調味料がある、といった視点でキャンプ場を探してみるのもいい。

5 静かにゆっくり過ごす

にぎやかなキャンプよりも、自然と向き合う落ち着いたキャンプがしたい場合は、なるべく人が少ないキャンプ場や、静かに過ごすクワイエットタイムが設けられているところを選ぼう。

計画を立てるときのポイント

キャンプの目的が決まったら、いつ頃、だれと、どんなキャンプ場で、何泊するのか、大まかなプランを立てていこう。初めてのキャンプなら、まずは練習として、近場で1泊2日のキャンプへ。やりたいことを盛り込み過ぎるとあわただしくなるので、前日に食材の買い物をしておく、当日の昼食は簡単に済ませて遊ぶ時間を確保するなど、当日の手間を省く方法を考えておこう。チェックアウト時間を延長して朝をのんびり過ごすのも手だ（→P38）。

活動プランと合わせて、キャンプ全体の予算も設定しておこう。

まずは
デイキャンプへ

west_photo / Shutterstock.com

いきなり1泊2日以上のキャンプはちょっと不安……という場合は、ピクニックの延長で、日帰りのデイキャンプから始めてみよう。近場の公園や河川敷などで、日よけのタープを張ったり、卓上コンロでお湯をわかしてコーヒーを淹れてみたり、まずはできる範囲でOK。いつものピクニックとはひと味違う時間が過ごせるはずだ。ただし、場所や施設の利用ルールは事前に確認しよう。

どの季節に行く？

やりたいキャンプに適した時季を選ぶ

キャンプに適した時季は一般的に、気候が穏やかな春〜初夏、秋がよいとされるが、必ずしもその時季が自分たちの「やりたいキャンプ」に当てはまるとは限らない。たとえば「カヌーに挑戦したい」という目的があるなら夏というふうに、キャンプの目的を無理なく実現できる時季を選ぼう。

1 春 （→ P172）

暖かくなり屋外で活動しやすくなる季節。冬季閉鎖のキャンプ場がオープンし、ゴールデンウィークもあるので、キャンプに出かけるのにちょうどいい。芽吹きたての山野草を採って天ぷらにして食べるほか、桜の木があるキャンプ場なら「お花見キャンプ」を楽しむのもいいだろう。また、野鳥の鳴き声がきれいに聞こえる季節なので、「耳で楽しむキャンプ」もおすすめ。

ただし、この時季はスギやヒノキの花粉が飛ぶので、花粉症の人は要注意。また、日中は暖かくても、朝夕の冷え込みは厳しいので防寒対策も忘れずに。

2 夏 （→ P174）

　夏は一年で最もキャンプ場がにぎわうシーズン。ウォータースポーツなど夏ならではのアクティビティが豊富で、高原や林間のキャンプ場なら暑さをしのぐこともできる。蚊やブユなどの吸血虫が多い時季なので、虫対策をしっかり行うこと。

3 秋 （→ P176）

　暑さが和らぎ、穏やかな日差しの中でキャンプを楽しめる季節。広葉樹の多いキャンプ場なら美しい紅葉を見ながら過ごすことも。野菜や果物の収穫体験ができるキャンプ場で、秋の味覚を堪能するのもいい。朝晩の寒暖差が大きくなるので、防寒対策が必要。

4 冬 （→ P178）

　木々の葉が落ちるので野鳥観察がしやすいほか、空気が澄んでいて星空観察にも最適な季節。また、スノーシューハイクやクロスカントリーなど、冬ならではのアクティビティを楽しむことができる。日中もかなり冷え込むため、完全防寒で臨みたい。

キャンプで考えるポイントは？

「やりたいこと」をかなえる手段・方法を選択

キャンプの計画を具体化するときも、自分たちの「やりたいこと」を基準にするとスムーズ。ゆっくりできる2泊3日にしよう、ドライブも楽しみたいから車にしよう、にぎやかに過ごしたいからグループで行こう……など、自分たちがやりたいキャンプを実現するための手段や方法を選択しよう。

1 滞在時間

キャンプとは、「自然の中で時間を過ごすこと」を目的としたアウトドア・レジャー。滞在時間に明確なルールはなく、宿泊をともなうキャンプのほか、宿泊せずに日帰りでキャンプを楽しむ「デイキャンプ」（→P19）もある。

2 移動手段

移動の足として活躍する車やバイクは、キャンプのよき相棒。車を利用するキャンプを「オートキャンプ」、バイクの場合は「ツーリングキャンプ」と呼ぶ。車やバイクがない場合は、公共交通機関で行けるキャンプ場を探そう。

3 ▶ 人数やメンバーの関係性

　キャンプのスタイルは、参加する人数やメンバーの関係性によってもさまざま。家族で楽しむ「ファミリーキャンプ」、友人や親しい仲間同士で楽しむ「グループキャンプ」、夫婦や恋人同士で楽しむ「カップルキャンプ」、最近ではひとりで気ままに楽しむ「ソロキャンプ」の人気も高まっている。

　大人のグループキャンプでは、各自がテントを持ち込んで、それぞれのテントの中央にタープを張ってリビングを設ければ、プライベート空間と共有スペースを分けることができ、自由に気兼ねなく過ごせる（→P88）。

4 ▶ 宿泊方法

　宿泊型のキャンプは多様化が進んでいる。自分たちでテントを張って宿泊する「テント泊」や、コテージなどに宿泊する「小屋泊」（→P126）に加え、テント設営や道具・食材の準備などをしなくても気軽に豪華なテント泊ができる「グランピング」も定着しつつある。

キャンプの手順は？

キャンプ全体のプロセスを把握しよう

　自分たちの「やりたいこと」をメインに具体化していくキャンプの計画。プランが決まり、キャンプ場を予約したら、道具などキャンプに必要なものを準備して、いざキャンプへ！

　キャンプ場での設営〜撤収、道具の手入れまで、キャンプ全体の流れとポイントを把握しておこう。

1 計画する

　まずキャンプでやりたいことを考え、いつ・だれと・どんなキャンプをしたいかを決めたら、キャンプ場を探そう。キャンプ場を探す際は、まず「どんな環境で遊びたいのか」を明確に。いくつか候補が見つかったら、設備の充実度やアクセスのしやすさを基準に選ぼう（→P26）。

2 道具を準備する

　キャンプ道具の準備は、出発の1か月前〜1週間前までに済ませておこう。テントやシュラフ（寝袋）などは実際に使ってみないとわからないことも多いので、まずはキャンプ場のレンタル品を試して、その後に買いそろえるのもいいだろう（→P43）。

3 直前準備／荷物を積み込む

自家用車ならできれば前日に、レンタカーの場合は少し早めに車を借りて荷物の積み込みを始めたい。運転中に荷崩れしたり、道具に傷がついたりしないように配置を工夫しよう（→P82）。うまく収まったときに撮影しておけば、次の積み込みの参考になる。

4 出発／キャンプ場到着／設営

車の場合は交通渋滞も予想されるので、できるだけ時間にゆとりをもって出発しよう。キャンプ場に着いたら管理棟でチェックインを済ませ、所定のキャンプサイトへ。炊事場やトイレの位置を確認し、行き来がしやすく快適なサイトを決めてから設営を始めよう（→P86）。

5 撤収＆道具の手入れ

小さなものから片付けていくのが撤収作業のコツ。炊事場やサイト内の掃除も忘れずに。テントやタープなどの道具は、できるだけキャンプ場で汚れを落としたり乾燥させたりして、帰宅後の手入れは最小限にしたい（→P115）。

キャンプ場を選ぶ

数あるキャンプ場の中からどれを選ぶべきなのか。
ロケーションや料金など、キャンプ場を選ぶ際のポイントを押さえておこう。

キャンプ場選びのポイント

ポイントを踏まえて比較検討

キャンプ場を選ぶ際は、インターネットやガイドブックを活用して、キャンプの目的に合った候補地をいくつかピックアップしよう。キャンプ場の比較・予約サイトやSNSに投稿されている利用者の口コミ、写真なども参考になるだろう。

比較検討する際のチェックポイントとしては、ロケーション、設備、料金、利用条件、アクセス、周辺施設などが

ある。ロケーションはよかったけど設備が不十分で残念だった……とならないように、自分にとっての優先ポイントを明確にして、絞り込もう。

予約方法は各キャンプ場のウェブサイトなどで確認できる。予約開始時期はキャンプ場によって異なるので、受付期間を確認してから予約を。設備、利用条件、レンタル品の有無など、不明点があれば聞いておこう。

 キャンプ場を選ぶ際のポイント

1 ロケーション

林間、高原、湖畔、川辺など、キャンプ場がどんな場所にあるのかをチェック。同じキャンプ場内でも、エリアによって林間、水辺、原っぱなどロケーションが異なる場合があるので、あわせて確認しておこう。

2　設備

炊事場の給湯設備、売店やレンタル品、入浴施設の有無などをチェック。売店やレンタルショップの品ぞろえも確認し、場内で購入できない場合は事前に準備を。初心者のうちは設備が充実しているほうが安心だ。

3　料金、利用条件

料金はキャンプ場ごとに幅があるが、一般的にフリーサイトのほうが区画サイト（→P30）より手頃。直火での焚き火、グループ利用、ペット同伴などの利用条件もキャンプ場ごとに異なるので、事前に確認を。

4　アクセス

家からキャンプ場までの経路や所要時間をチェック。あまりにも遠いと到着前に疲れてしまうので、特に滞在時間が短い1泊2日のキャンプの場合は、渋滞なしで片道2時間程度までを目安にしよう。

5　周辺施設

キャンプ場周辺のスーパー、コンビニ、道の駅、ガソリンスタンド、温泉、レジャー施設などの有無をチェック。当日の予定が大きく狂わないよう、行き帰りに立ち寄る場所は、あらかじめ決めておこう。

キャンプ場のロケーション

ロケーションの特徴を知る

　高原、森林、海、川、湖など、キャンプ場のロケーションは実に多彩。ロケーションによって雰囲気や注意点が異なり、季節やアクティビティに合わせてキャンプ場選びをするのも楽しい。ロケーションごとの特徴を踏まえて、適切な準備をしておこう。

　たとえば、同じ水辺でも、川の上流は地面がかなりかたいが、海岸は砂地でやわらかい。それぞれの環境に合ったペグやハンマー（→P90）がないと、サイトの設営に苦労することもある。また、高原なら気温差対策、夏の海辺なら日差し対策が欠かせない。

1　高原

　標高が高い場所にあることから、夏でも涼しく、避暑にもってこいのロケーション。ただし、朝晩の寒暖差が大きく、急な天候変化も起きやすいので、雨具や防寒着を用意するなど対策をしておこう。

©ぱりろく / PIXTA

標高1000m以上の高原なら真夏でも涼しい

2　林間

　山登りや野鳥観察などのほか、のんびりと森林浴も楽しめる。周りの木々が日差しや雨風を和らげてくれるのもうれしい。秋口は乾燥した枯れ葉が多いので、焚き火の際は落ち葉への飛び火に気を付けよう。倒木にも注意。

©よっちゃん必撮仕事人 / PIXTA

夏でも木陰は気持ちよく、木漏れ日に癒やされる

3 海辺

海水浴や魚釣り、シーカヤックなどが楽しめる。近くに漁協の直売所などがあれば、新鮮な海の幸も堪能できる。日陰の少ないキャンプ場が多いので、夏場は熱中症や日焼け対策を。潮風を浴びたキャンプ道具は、帰宅後しっかり手入れしよう。

©jokamike / PIXTA

日の出や日没の大パノラマも楽しめる

4 川辺

渓流釣りやラフティング、カヌーやカヤックといったアクティビティが魅力。増水や鉄砲水などに注意し、川遊びや遊泳が禁止となっている場所には絶対に立ち入らないこと。

©Photo JP / PIXTA

川辺は水遊びのバリエーションが豊富

5 湖畔

海に比べて波風が弱く、静かな環境で過ごしたい人に最適。SUPや釣り（→P180）、サイクリングなど、水陸両方のアクティビティが楽しめる。時間帯によって風向きや風の吹き方が変わるので、変化には十分に注意しよう。

本州では富士五湖や琵琶湖周辺が人気

©Takumi Sekiguchi / PIXTA

区画サイトとフリーサイトの違い

　「サイト」とは、キャンプ場内でテントやタープを張り、アウトドア生活の拠点とする場所のこと。大きく分けて、区画が決まっている「区画サイト」と、スペースを自由に使える「フリーサイト」の2種類がある。

　区画サイトはあらかじめスペースが確保されているので、プライベートな空間を保ちやすいのが特徴。一方、フリーサイトは、利用者が少なければ広々とスペースを使えて、ロケーションのよい場所を自分で選べるが、基本的には早い者勝ち。混雑する時期や初心者のうちは、予約時にスペースを確保できる区画サイトのほうが安心だ。

　それぞれ、テントのそばに駐車できるオートキャンプ用のサイト（オートサイト）が設けられていることが多い。

1 区画サイト

　区画サイトは、ロープや植木、杭などで区画が仕切られたサイトのこと。自分たち専用の炊事場やAC電源があるなど、プライベートスペースが確保され、かつ便利なサイトもある。

　区画の広さはキャンプ場によって異なるが、8m×8mくらいの広さが一般的。これより狭い場合もあるので、大きめのテントやタープを使用する場合は、事前に確認しておこう。

　区画サイトは数に限りがあるので、できるだけ早めに予約しよう。

駐車スペースを設けたオートキャンプ用の区画サイト

2 フリーサイト

キャンプ場の指定エリア内の好きな場所にテントやタープを設営できるサイト。場所取りは早い者勝ちで、眺めのいい場所や木陰などから埋まりやすい。早めにチェックインし、自分が望む過ごし方に合う場所を確保したい。

ほかのキャンパーの近くに設営する場合は、適度な距離感を保ち、テントやタープの向きを互いの視線が交わりにくいようにすると快適に過ごせる。

事前に予約できるところと、当日現地受付のみのところがあるので、各キャンプ場のウェブサイトなどで確認しておこう。

林間のフリーサイト。設営場所を決める際は、荷物運びに関わってくる駐車スペースとの距離も考慮したい

AC電源付きサイト

AC電源付きサイトなら、より便利で快適なキャンプが楽しめる

キャンプ場によってはAC電源付きの区画サイトを設けているところもある。電源があると、スマホなどの充電ができたり、電気ポットや電気ストーブが使えたりと便利。AC電源付きサイトから始めて、アウトドア生活に慣れていくのもひとつの手だ。

キャンプ場の全体像・各設備

炊事場

水道設備があり、料理の下ごしらえをしたり、食器を洗ったりできる。お湯が出るキャンプ場もある。

トイレ

水洗式、くみ取り式、バイオトイレなど、キャンプ場によってさまざま。最近はきれいなトイレが多い。

テントサイトエリア

・電源付きサイト
・林間フリーサイト

テントサイトエリア

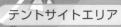

駐車場

ゴミ捨て場

ゴミはキャンプ場のルールに従って分別する。

灰捨て場

バーベキューや焚き火の後の灰は、決められた場所へ。

資料提供・撮影協力：PICA八ヶ岳明野

32

キャンプ場選びのポイントや、キャンプ場のロケーション、サイトの種類について押さえたら、キャンプ場がどんなところなのか見ていこう。設備はキャンプ場によって異なるが、あるキャンプ場の例を紹介する。

キャビンサイト
キャビンやバンガロー、コテージを備えたキャンプ場もある。

広場

ログキャビン・ログコテージエリア

水洗トイレ

キャンパーキッチン

林間フリーレイル

林間フリーフォレスト

アウトドアキッチンサイト

センターハウス
・フロント
・売店
・シャワー
・コインランドリー
・トイレ

管理棟
受付があり、チェックインやチェックアウトの手続きを行う。炭や薪、食材などを販売する売店のほか、シャワーやコインランドリーを備えているところも。

キャンプ場利用時の注意点・マナー

利用時に注意すること

最近は、車の乗り入れが可能なオートキャンプ場や、入浴施設や売店を完備したキャンプ場などが増えている。

車や施設の利用に関しては、キャンプ場ごとにルールや時間が決まっているので、事前にしっかり確認しておこう。

1 オートサイトの車利用

オートサイトのあるキャンプ場では、多くの場合、早朝や夜間の車移動が禁止されている（→P36）。夜間に車を移動する場合は、キャンプ場のウェブサイトや受付で事前に確認を。

2 受付の営業時間

キャンプ場の受付の営業時間は夕方までが多く、夜はスタッフがいないところもある。夜間連絡先を設けているところも多いが、相談事はできるだけ営業時間内にしておこう。

3 入浴施設の利用

キャンプ場の入浴施設は、シャワーだけ、大浴場があるところなど、さまざまだ。利用時間が限られていたり、予約が必要だったりするので、無料・有料かも含め、事前に確認しておこう。

受付や売店の営業時間を確認しておこう

キャンプ場の予約・キャンセル

行きたいキャンプ場が決まったら、予約をしよう。予約開始時期はキャンプ場によって異なるが、人気のキャンプ場や混雑するシーズンは早々に埋まってしまう。予約の開始時期を確認のうえ、早めに予約を済ませよう。

もし何らかの理由で行けなくなって

しまったら、必ずキャンセルの連絡をして、キャンセル料が発生する場合はキャンプ場の規定に従って支払いを。キャンセルの連絡をしないのは、満員で予約できなかった人の迷惑にもなるので絶対にNGだ。チェックインが大幅に遅れそうなときも連絡しよう。

キャンプのマナーや気を付けるべきこと

キャンプ場では、多くの人と自然空間や施設を共有する。キャンプ場にいる全員が楽しく・気持ちよくキャンプをするには、キャンプ場が決めたルールをきちんと守ることが大切だ。ルールはキャンプ場ごとにさまざまなので、チェックインの際に受付でしっかり確認をしよう。

また、ルールを守るだけでなく、周りの人に対する気づかいも忘れずに。隣近所のキャンパーの迷惑になっていないか、細心の注意を払いながら行動しよう。キャンプ場内ではあいさつを心がけ、心地よい関係づくりを。困ったときの助け合いやトラブルの防止にもつながるだろう。

1 夜遅くまで騒がない

開放感にあふれて盛り上がりがちだが、キャンプ場ごとに決められた消灯時間やクワイエットタイム（→P204）を守り、夜遅くまで騒がないこと。また、マナー意識が低下しやすくなるので、飲酒はほどほどにしよう。

2 他人のサイトを横切らない

テントを張ってキャンプをする場所（＝サイト）は個々の占有スペースなので、無断で立ち入るのはマナー違反（特に区画サイトの場合）。近道だからといって、他人のサイト内を横切らないように気を付けよう。

3 炊事場を独占しない／共用部分をきれいに

　共用の炊事場はゆずり合って使い、食器や生ゴミ、道具を置いたままにするのはマナー違反。次の人が気持ちよく使えるように片付けておこう。環境保護のため洗剤の使用を禁止している施設もあるので、事前に確認を。

4 ゴミを放置しない

　道具だけを片付けて、ゴミを置いたままで帰るなどもってのほか。決められた場所に捨てるか、家まで持ち帰ること。立つ鳥跡を濁さずの気持ちで、来たときよりもさらにきれいにして次の利用者へ引き継ごう。

5 焚き火の後始末はしっかり

　焚き火やバーベキューで使用した炭や薪などは、就寝前に確実に消火しておく。翌朝に焚き火をする場合は、最後までしっかりと灰の状態にしよう。残った灰はそのままにせず、必ず所定の場所に捨てること。

6 夜間は車のエンジンやドア音、明かりに注意

　多くのオートキャンプ用サイトでは、夜間の車移動は禁止されている。エンジン音やドアの開閉音、ライトの点灯も周囲の迷惑になるので控えること。車を使える時間を事前に確認しておこう（→P34）。

スケジュールを立てる

キャンプでやりたいことが決まり、キャンプ場を予約したら、
スケジュールを立てよう。キャンプの流れとスケジュール例を紹介する。

▶ 1泊2日のキャンプは忙しい!

まずは、1泊2日のキャンプでスケジュールを考えてみよう（→P38）。多くのキャンプ場では、チェックインは昼頃（12〜14時）、チェックアウトは午前中（10〜11時）に設定されており、通常の1泊2日のキャンプだと、チェックインからチェックアウトまで

の滞在時間が24時間もない。やりたいことを盛り込み過ぎると、あわただしいキャンプになってしまう。買い出しや食材の下準備、荷物の積み込みなどはできるだけ事前に済ませ、チェックアウト時間を延長するなどして、楽しむ時間を増やす工夫をしよう。

▶ 出発前のチェックポイント

キャンプのスケジュールを決め、必要な道具をそろえたら（→Chapter 2）、当日に向けての最終準備を開始しよう。キャンプの1週間ほど前からキャンプ場のあるエリアの天気予報をチェックし、雨天の可能性が高い場合は雨具や防寒具、予備食の備えを万全に。台風などで荒天が予想される場合は、キャンセルも視野に入れておこう。天気が心配な場合は、事前にキャンプ場に連絡して、現地ならではの情報をもらうのも手だ。

また、キャンプ場まで車で行く場合、週末や連休中は交通渋滞が起こりやすいので、経路や所要時間だけでなく、その日の渋滞予測についても調べておこう。

予測に従って出発時間を早めるなどの対策を取りたい。

初めてのキャンプではアクシデントがつきものだ。時間と心に余裕をもっておこう。

1泊2日キャンプのスケジュール例

1日目

9:00頃
出発
買い出しや荷物の積み込みはできるだけ前日までに済ませ、時間に余裕をもって出発しよう。追加で買い物が必要な場合は、スーパーなどに立ち寄りを。

12:00頃
到着、チェックイン
受付でチェックインを済ませ、キャンプ場のさまざまなルールを確認したら、サイトへ向かう。

12:00〜14:00頃
設営、昼食
まずはチェアとテーブルを設置。昼食を簡単に済ませ、フィールド感をつかんだら、タープを張り、テントを設営しよう。

14:00〜16:00頃
フリータイム
のんびりくつろいだり、散策したり、アクティビティを楽しんだりと、思い思いに過ごそう。

16:00〜19:30頃
料理、夕食
日没前に夕食をスタートできるよう、時間に余裕をもって夕食の準備を始めよう。こだわりのキャンプごはんを楽しみたい（→Chapter 4）。

19:30〜21:30頃
団らん、焚き火
夕食の後片付けをしたら、くつろぎタイム。焚き火を囲んで語り合うのもいい。シャワー・入浴はキャンプ場ごとの利用時間に合わせて。

21:30〜22:00頃
就寝準備、消灯
キャンプ場の消灯時間を守り、消灯時間後はテント内でも静かに過ごそう。

2日目

6:00〜7:00頃
起床、散歩、片付けなど
早起きして、朝のさわやかな空気の中、散歩などを楽しもう。シュラフやテント、タープを干したり、小物類やテント内を片付けたりし始めておくと、後でスムーズに撤収できる。

7:00〜8:00頃
朝食
朝食は簡単に準備できるものを。キャンプ場で飲む朝のコーヒーは格別だ。

8:00〜9:00頃
道具の手入れなど
食器などキッチンまわりの道具を片付けたり、手入れの続きや撤収準備を。

9:00〜11:00頃
フリータイム
チェックアウトを延長すれば、のんびり過ごすことができる。午前中にチェックアウトする場合はこのタイミングで撤収を。

11:00〜12:00頃
片付け、撤収
後片付けとサイトの撤収、荷物の積み込みを行う。ゴミは所定の場所へ。

12:00〜13:00頃
チェックアウト、帰路へ
チェックアウト時間を超えないように、余裕をもって手続きを済ませよう。

参考

デイキャンプのスケジュール例

8:00頃

出発
買い出しや荷物の積み込みはできるだけ前日までに済ませ、時間に余裕をもって出発しよう。

9:30〜10:00頃

到着、チェックイン
午前中にチェックインできて、デイキャンプ利用が可能なキャンプ場へ。移動時間は短いほうがよい。

10:00〜11:00頃

設営
タープを張り、チェアとテーブルを置いてリビングを設置。料理ができるよう準備しよう。

11:00〜13:00頃

料理、昼食
キャンプごはんはデイキャンプの大きな楽しみ。料理する時間も含めて楽しもう。バーベキューをする場合は最初に炭おこしを（→P136）。

16:30〜17:00頃

チェックアウト、帰路へ
チェックアウト時間はキャンプ場によって異なるので、事前に確認を。

15:30〜16:30頃

片付け、撤収
後片付けとサイトの撤収、荷物のパッキングと積み込みを行う。ゴミは所定の場所へ。

13:00〜15:30頃

フリータイム
昼寝や読書、散歩、アクティビティなど、思い思いに過ごそう。コーヒータイムもおすすめ。

2泊3日以上のススメ

1泊2日のキャンプはけっこうあわただしく、チェックアウト時間を延長したとしても、あっという間に終わってしまうだろう。もっとゆっくりしたいと思ったなら、次は2泊3日以上のキャンプがおすすめだ。

2泊3日なら、2日目をまるまる自由に使えるので、ゆっくりできるし、アクティビティを楽しむ時間もたっぷりある。ただし、滞在時間が長くなる分、食料や着替えなどの荷物が増えることも頭に入れておこう。

1
まずは気軽に
キャンプデビュー！

「キャンプをしてみたい！」と思う一方、場所決めや道具の購入、準備に片付けと、キャンプにはたくさんのタスクがあり、さらに「虫が……」「疲れそう……」というイメージがあって、なかなか重い腰が上がらないという方もいるのではないでしょうか？ これは、僕も含めてさまざまなメディアが、キャンプ系の情報を複雑にし過ぎたために、キャンプのイメージ的な難易度が急激に上がってしまったせいかもしれません。

しかし、本来キャンプは難しいものではありません。寒さ・暑さ対策、虫対策さえしておけば、最近は手ぶらでも食材付きテント泊のキャンプなどもあり、気軽に体験できます。「思い立ったが吉日」のスタンスで、目の前のハードルはすべて無視して、まずはやってみましょう！ キャンプはイメージよりもカンタンで楽しいということを、きっと体感できると思います。

仕事に家事にと分単位で忙しく生きる現代人。人も自然の一部ですから、自然のサイクルに体をチューニングすることで、本来の自分に戻すことが必要です。また、自然との一体感や外でのごはんには、旅行とは違う、想像をはるかに超える満足感や多幸感がありますよ。

自然の中でのんびり過ごせば、リフレッシュできる

Chapter 2

キャンプの道具をそろえよう！

キャンプに行くことが決まったら、道具を準備しよう。寝室まわり、リビングまわり、キッチンまわり、その他の道具に分けて、順番にキャンプの道具を紹介していく。自分に合ったものを選ぼう。

キャンプに必要な道具

キャンプの計画が固まったら、次は道具の準備。多様なキャンプ道具を、寝室まわり、リビングまわり、キッチンまわり、その他に分けて紹介する。

キャンプ道具は大きく住・食・衣に分けられる

キャンプの道具は、デイキャンプか宿泊キャンプか、テント泊か小屋泊（→P126）かなど、キャンプのスタイルによって必要なものが異なるが、こ

こではテントでの宿泊キャンプに必要なものをひと通り紹介していく。

キャンプ道具は、おおまかに「住」「食」「衣」「その他／＋α」に分けられる

キャンプにはどんな道具が必要？

テント、シュラフなど
「寝室まわりの道具」

（→P45）。快適な寝室やリビングをつくる「住」の道具（→寝室およびリビングまわり）、料理をつくり食事を楽しむための「食」の道具（→キッチンまわり）、着替えや個人的な小物類といった「衣」のアイテム（→ウェア）、そして、それら以外の道具や、キャンプをもっと楽しむための「＋α」の道具だ。

キャンプ道具を買う際の注意点

宿泊キャンプには多くの道具が必要だが、一度に買いそろえるのは大変。最初はレンタルを利用したり、調理器具などは家にあるものを使ったりして、キャンプに慣れていったら少しずつ道具を買い足していくのがおすすめだ。

キャンプ道具を買ったら、キャンプに行く前に実際に使ってみよう。道具に慣れておけば、キャンプ場でのアクシデントを防ぐことができる。

また、キャンプ道具をそろえたけれど、家に置く場所がなくて困る場合もある。キャンプ道具を買う際は、収納のことも考えておくことが大事だ。

タープ、チェア＆テーブルなど
「リビングまわりの道具」

調理器具、クーラーボックスなど
「キッチンまわりの道具」

チェックリスト

キャンプの道具

デイキャンプ、1泊2日のキャンプで最低限必要な道具をリストアップ。忘れ物がないように、キャンプに出かける前にチェックしよう!

デイキャンプの持ち物

ピクニックとは違うキャンプ感が味わえる、おすすめアイテムを紹介。

□ タープ、ポール

□ ペグ、ペグハンマー

□ レジャーシートまたはチェア

□ テーブル

□ クーラーバッグ（ソフト）

□ バーナーまたはカセットコンロ

□ ケトル

□ 保温ボトル

□ 食器、カトラリー

□ 包丁、まな板

□ クッカー　※調理をする場合

□ 調理器具　※調理をする場合

□ 防寒具（ウェア、ブランケット）

MEMO

キャンプ道具は、ていねいに
手入れして長持ちさせよう

1泊2日キャンプの持ち物

「住」「食」「衣」「その他」に分けて、最低限必要なアイテムを紹介。

住

☐ テント
☐ マット（人数分）
☐ ペグ、ペグハンマー
☐ タープ、ポール
☐ グランドシート
☐ チェア
☐ シュラフ（人数分）
☐ テーブル
☐ インナーシート
☐ ランタン

食

☐ クーラーボックス
☐ 調理器具（トング、フライ返しなど）
☐ 保冷剤、氷
☐ 食器、カトラリー
☐ バーナー、燃料
☐ 食材、飲み物
☐ 包丁、まな板
☐ 調味料
☐ クッカー（鍋、スキレットなど）
☐ スポンジ、たわし、エコ洗剤など

衣

☐ 着替え
☐ タオル
☐ 防寒着
☐ レインウェア、防水シューズ
☐ 洗面用具
☐ サンダル

その他／焚き火の道具

☐ ヘッドライト
☐ 薪、炭　※現地で購入できる場合が多い
☐ 救急セット
☐ 火ばさみ、耐熱耐火グローブ
☐ ゴミ袋、ゴミ箱
☐ ライターやガストーチ
☐ 焚き火台、焚き火シート
☐ 新聞紙

寝室まわりの道具

宿泊キャンプでまず必要なのは、テントやシュラフ、マットなど、快適な寝室をつくるための道具だ。どんな種類があるのか見ていこう。

テント

テントの種類と選び方

テントにはさまざまなタイプがあるが、ドームテント、ツールームテント、ワンポールテントが主流。また、大きく分けて「自立式」と「非自立式」のものがある。自立式は、ポールを通すことでテントの形をつくり、張り綱がなくても立つテント、非自立式は張り綱がなければ立たないテントのこと。ドームテントやツールームテントの多くは自立式で、ワンポールテントは非自立式だ。キャンプ初心者は、設営場所を選ばず、設営後も調整しやすい自立式のテントがよいだろう。

テント選びのポイントは、まず人数と親密度。カップルならツールームテント、グループでのキャンプなら1～2人用のドームテントを各自用意すれば、気兼ねなく過ごせるだろう。

素材も考慮しよう。主流となっているポリエステルやナイロンなどの化学繊維は、カビや紫外線に強いが、焚き火の熱や火の粉などには弱い。一方、コットンはカビに弱いが、化学繊維と違って火の粉や熱に強い。

1　ドームテント

2～数本のポールで本体を立ち上げる自立式のテントで、設営しやすく扱いが楽なテントの基本形だ。小型から大型までさまざまなサイズがあり、壁を高く立ち上げられるものも。価格帯やグレードの選択肢も多いので、まず買うならドームテントが無難だろう。

ドームテントの中でも、山岳用は軽くて収納サイズもコンパクト。寝床のみで、「前室」と呼ばれる土間が狭いものが多い。一方キャンプ用のソロテントは、前室が広いものが多い。山岳用テントより生地が厚くて丈夫だが、その分重く、収納サイズも大きい。

1 〜 2 人用の山岳用ドームテント。ゆったり過ごすなら、実際の利用人数より定員が 1 〜 2 人多いテントを選ぼう。

テント本体に、撥水性のある「フライシート」をかぶせている。このような二重構造になったものを「ダブルウォールテント」という。

山岳用ドームテントは基本的に寝床のみで、前室はあっても靴置き場程度のものが多い。

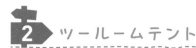

2 ツールームテント

前室が寝室と同様かそれ以上に広く、リビングスペースとして使えるテント。設営には広い面積が必要で、ポールの本数も多くなるので、設営・撤収には通常のドームテントよりも手間がかかるが、タープなしでも快適なリビングスペースを確保することができる。

リビングスペースの壁面を閉じれば、プライバシーが保たれ安心感があるので、ツールームテントはカップルやファミリーにおすすめだ。リビングスペースのレイアウトを工夫すれば、自宅のようにくつろげる空間をつくることができるだろう。

広さが魅力のツールームテント。壁面を開ければ開放感たっぷり。壁面にもメッシュが付いているものもある。

リビングスペースでは、プライバシーを保ちながら、くつろいで過ごすことができる。

3 ワンポールテント

　テントの中心にポールを1本立てて設営する、上部がとがった円錐形や四角錐などの形になるテント。本体を地面に固定する必要がある非自立式なので、設営場所を選ぶが、ポールが少ないので、定員に対して比較的軽量なものが多く、設営・撤収もしやすい。見た目のかわいさもポイントだ。

　しかし、外側に行くほど天井が低く、居住性の点では劣る。また、ポールがあるので中央に物を置くことができず、デッドスペースとなる。さらに、ワンポールテント単体だと入口から雨が吹き込むこともあるので、注意しよう。

> シンプルな形状と設営のしやすさが特徴のワンポールテント。中央部の天井は高いが、外側は低くなり、居住性はやや劣る。

＋αのアイテム　グランドシート

テントの下、地面との間に敷いて使用するシート。地面の上に直接ではなく、グランドシートの上にテントを設営することで、地面とテントの摩擦による傷や汚れからテント本体の底を守ってくれる。また、地面からの湿気や雨天時の浸水も防いでくれる。

シュラフ（寝袋）

シュラフの種類と選び方

テントで寝るときに布団の代わりに使うのがシュラフ（寝袋）。キャンプに行く季節に合わせて、「形」と「中綿の素材」で選ぼう。シュラフの形は、布団に近い長方形の「封筒型」と、中にすっぽり入る「マミー型」の2タイプがある。中綿の素材はダウンと化繊の2種類。ダウンは保温力が高く、軽くてコンパクトだが、濡れると保温力が低下する。一方の化繊は、ダウンより重くてかさばるが、洗濯機で丸洗いでき、ダウンと比べて価格も安いものが多い。

シュラフを選ぶ際は「快適使用温度」（限界使用温度）もチェックしよう。一般的に、キャンプ地の最低気温より5度低い快適使用温度（たとえば、キャンプ地の最低気温が10度なら5度）のものを選ぶとよいとされている。

1 封筒型シュラフ

布団をたたんだような長方形のシュラフ。布団で寝るのと近い感覚で使うことができ、ゆったり眠れる。ファスナーをすべて開けると、掛布団としても使えて便利。マミー型よりかさばるものが多いので、オートキャンプ向きだ。

布団に近いゆったり感と寝心地のよさが魅力の封筒型シュラフ。写真のような化繊素材のものは軽くて手入れもしやすい。

ファスナーをすべて開けると掛布団やマット代わりにもなり、使い勝手がよい。

2 マミー型シュラフ

「マミー」とは英語でミイラの意味。体の形に近く、デッドスペースを減らした形になっているのが特徴だ。頭まですっぽりとかぶることができるので、冷気が入り込みにくく、中の熱が外に逃げないので、保温力が高い。封筒型よりも、素材や快適使用温度のバリエーションが豊富。

化繊素材のマミー型シュラフ。化繊は、ダウンと違って濡れても保温力が比較的維持される。

春・夏用のマミー型シュラフ。こちらも化繊素材で、薄くて軽量、コンパクトに持ち運べる。

ダウン素材のマミー型シュラフ（夏用）。フードはなしで、首元を絞ることができるタイプ。

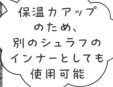

保温力アップのため、別のシュラフのインナーとしても使用可能

シュラフシーツとシュラフカバー

「シュラフシーツ」とは、シュラフの中に入れてシーツとして使うもので、「インナーシーツ」とも呼ばれる。シュラフシーツを使うことで、保温性が高まり、シュラフの内側を汚さないように使うことができる。

「シュラフカバー」は、シュラフを外側から覆って保護するアイテム。シュラフを外の湿気から守るとともに、シュラフ内の熱を逃がさない保温機能がある。結露が多い場面では、シュラフカバーがあると安心だ。

シュラフシーツ

シュラフカバー

マミー型
シュラフに
シーツとカバー
を装着！

枕、ブランケット

慣れないテント泊でも、枕があると睡眠の質がぐっと上がる。荷物に余裕があれば、キャンプ枕を持って行こう。自分で空気を入れてふくらませるエアータイプや、半自動で空気が入るインフレータブルタイプなら、空気を抜けばコンパクトになる。

また、キャンプ用ブランケットがあると、毛布代わりになるほか、防寒対策にひざかけやポンチョとしても使えて便利。難燃性素材のものなら、焚き火時にも重宝する。

エアータイプの枕

ブランケット

マット

マットの種類と選び方

マットは、シュラフの下に敷いて、冷気を防ぎ、快適な寝床をつくるマットレスのような役割をする。マットがないと、地面の凸凹や冷気の影響を受けて、安眠が妨げられてしまう。

マットには、空気を入れてふくらませる「エアー注入式マット」、ウレタンを加工した「クローズドセルマット」、エアー注入式とクローズドセルのハイブリッドである「インフレータブルマット」の3種類がある。価格が手頃で扱いやすいのはクローズドセル、高価だが寝心地や断熱性に優れているのはインフレータブルだ。それぞれ厚さや長さ、幅も違うので、何を重視するかによって選ぼう。

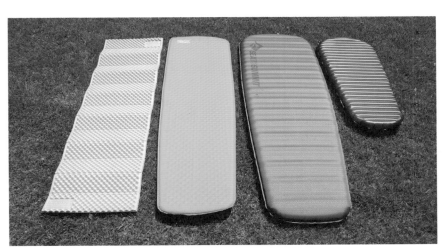

左から、クローズドセルマット、インフレータブルマット2種、ハーフサイズのエアー注入式マット

それぞれ厚さが異なり、寝心地や断熱性、収納サイズ、重さが異なるので、じっくり比較検討しよう

1 エアー注入式マット

電動または手動ポンプや口で空気を入れてふくらませるマット。厚みが出るが、収納時はコンパクトで軽く、持ち運びしやすい。寝心地や空気の入れやすさなどはメーカーによって大きく異なるので、吟味しよう。

> 一般的に、厚みがあるほうが寝心地がよく、断熱性が高い。収納時の大きさもチェックしよう。

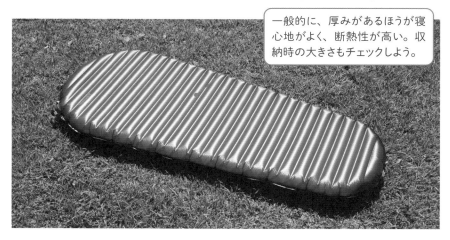

2 クローズドセルマット

ウレタンにさまざまな加工をしたマットで、「ウレタンマット」とも呼ばれる。パッと広げるだけで使うことができ、軽量で持ち運びしやすく、丈夫で耐久性に優れている。エアー注入式のようなパンクのリスクはない。

> 地面に直接敷くこともでき、さまざまな場面で気軽に使える。厚みは薄めのものが多い。

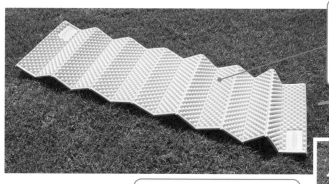

> 収納時はかさばるが、折りたたむとクッションとしても使える!

3 インフレータブルマット

エアー注入式とクローズドセルのハイブリッド、いいとこ取りをしたマット。バルブを開いてマットを広げると、中の素材が復元しようとする力で自動的に空気が入って、ある程度までふくらむ。高価だが、比較的寝心地がよく、パンクしてもある程度は使える。

やや薄めのタイプなら、コンパクトに収納することができる。

厚みがたっぷりあり、寝心地と断熱性に優れているタイプ。

＋αのアイテム　コット

アウトドア用の組み立て式簡易ベッドを総称して「コット」という。寝床が地面から離れているため、地表の冷気や湿気、熱の影響を受けにくい。高さによって「ハイコット」「ローコット」があり、ベッドとしてだけでなく、ベンチや荷物置きなど、さまざまな使い方ができる。

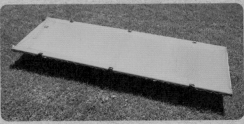

シーン・用途に応じて高さが変えられるコットもある

リビングまわりの道具

キャンプでは、食事や団らんを楽しむリビングも重要だ。タープ、チェア、
テーブル、ランタンなど、快適なリビングづくりに必要な道具を見ていこう。

タープ

タープの種類と選び方

タープは、雨や日差しを遮ってくれる屋根となるもの。タープの下にチェアとテーブルを置けば、そこがリビングになる。タープは形もサイズも豊富だが、おもな形状としては、六角形（ヘキサゴン）の「ヘキサタープ」と、長方形（レクタングラー）の「レクタタープ」がある。利用人数に応じて形・サイズを選ぼう。

その際に注意したいのが「有効面積」だ。タープには面積が表記されているが、雨が斜めに降ったり、太陽の位置が時間や季節で変化したりすることを考えると、実際に使える有効面積は表記面積よりも小さくなる。タープ各辺のマイナス1mと考えよう。

タープには、薄くて丈夫なナイロン素材のほか、焚き火に強い綿や難燃性素材のものもある。目的・用途に加え、手入れのしやすさも考慮して選ぼう。

有効面積が広く、開放感たっぷりの空間をつくるレクタタープ

おもなタープの種類

ヘキサタープ

メインポール2本とロープ6本で張る六角形のタープ。シンプルな構造なので設営しやすく、ポールを増やせば張り方をアレンジできる。サイズの目安は、長辺4m・短辺3m以上で4人。

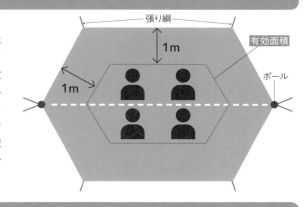

張り綱

有効面積

1m

1m

ポール

レクタタープ

ヘキサタープより有効面積が広い、長方形のタープ。ゆったり過ごすのによい。標準的なポール数は6本だが、ポールの数や高さを変えるとバリエーションを出せる。長辺5m・短辺4m以上で6人ほど。

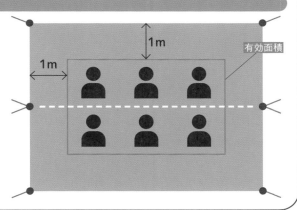

1m

1m

有効面積

©マッケンゴー / PIXTA

設営が簡単なヘキサタープは、キャンプ初心者に人気がある

©K@zuTa / PIXTA

1〜2人なら「ウイングタープ」というひし形タープを選択肢に入れても

チェア&テーブルのタイプと選び方

リビングの主役となるチェア&テーブル。特にチェアは、キャンプでの過ごし方に関わってくる重要アイテムだ。チェアとテーブルを選ぶには、まずチェアを決めて、それに合わせてテーブルを選ぶとよい。

チェアにはさまざまなタイプ・高さがあるが、選ぶ際には「自分がキャンプでどう過ごしたいか」を考えよう。焚き火重視なら低めのチェア、食事中心なら高めのチェアというように、キャンプの目的によってチェアを選ぶ。チェアが決まったら、そのチェアの高さに合わせてテーブルを選ぼう。

くつろいで過ごしたいなら、ロースタイルのチェア&テーブルがおすすめ。

ロースタイルとハイスタイルの中間。チェアは背もたれの角度もポイントになる。

食事がしやすいハイスタイルの組み合わせ。ベンチチェアはグループ向き。

脚の部分を調節して高さを変えられるテーブルもある。

1 チェア

チェアには、高さや座り心地、収納タイプによって、さまざまな種類がある。ここでは、折りたたみ型、収束型、分解組み立て型に分けて紹介する。

購入する際は、座り心地を実際に確認するとともに、持ち運びや収納サイズについても考慮して、自分に合ったものを選ぼう。

さまざまな種類のチェア。それぞれ、高さや背もたれの角度、ひじかけの有無、収納タイプなどが異なる

チェアは高さや背もたれの角度が重要。長時間座っても疲れない、自分が求める座り心地のものを購入しよう

折りたたみ型チェア

シンプルなつくりで、キャンプ場に着いたらすぐに使える。折りたたむとフラットになる。

折りたたむと…

収束型チェア

こちらも組み立て不要で、すぐに使える。収束すると細長くコンパクトになる。

収束すると…

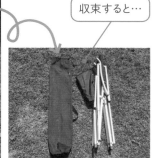

分解組み立て型チェア

組み立ての手間がかかるが、分解するとコンパクトに収納でき、軽いので運搬も楽。

分解すると…

2 テーブル

　キャンプ用のテーブルにもさまざまな高さがあり、ダイニングテーブルのように使うハイスタイルと、ちゃぶ台のようなロースタイルに大きく分けられる。また、天板の素材もさまざま。木製や金属製に加え、ポリエステル製のものなどもあるので、好みや用途によって選ぼう。

いろいろな高さ・大きさのテーブル。選ぶ際はチェアとセットで考えよう

アルミ製のテーブルは軽くて熱とサビに強く、汚れても手入れしやすい。

軽量でコンパクトな折りたたみ式。天板はポリエステル製のものが多い。

グループでの食事に向いているハイスタイルのテーブル。調理台としても使える。

ランタン

ランタンの種類と選び方

電灯がなく夜は真っ暗になるキャンプ場で、テントサイトでの照明となるのがランタンだ。ランタンには、LED、ロウソク、ガスなどの種類がある。それぞれ明るさや雰囲気が異なるので、使用するシーンや用途によって選ぼう。

キャンプで主流になっているのはLEDランタン。電池式またはバッテリー式で、さまざまな明るさやデザインのものがある。初心者でも簡単に扱うことができ、やけどの心配がないのでテント内でも安心して使える。

LEDランタン

LEDを光源とするランタン。電池式よりも、充電して使うバッテリー式のものが便利だ。

明るさを変えられるものも！

コンパクトで軽量なランタンが人気。

メインの照明として使える大光量タイプも。

ロウソクランタン

光源がロウソクなので、手間がかかるし光量は小さいが、雰囲気はよい。

ゆらめく炎に癒やされる……！

ガスランタン

燃料にガスを使用するランタン。点火・消火が簡単なので、初心者でもOK。

＋αのアイテム

ランタンフック

　ランタンを吊るす専用の器具。写真のようにタープのポールに引っかけるハンガータイプと、マイクスタンドのような形のスタンドタイプがある。

ヘッドライト

　頭に装着して使うヘッドライトは、明るさを確保しつつ、両手を自由に使えるので、何かと便利。キャンプの必需品だ。

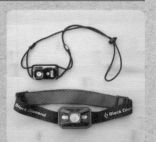

ハンドライト

　手に持てるサイズの小型ライトのこと。テント内で手元に置いておけば、夜間の移動時などにパッと使えて重宝する。

キッチンまわりの道具

キャンプの大きな楽しみである料理・食事。おいしいキャンプごはんをつくり、
食事を楽しむために必要な、キッチンまわりの道具を見ていこう。

バーナー

 1 ガスツーバーナー

　「バーナー」とはアウトドア用のコンロのこと。微妙な火加減の調整ができるのが特徴だ。キャンプごはんづくりを楽しむなら、同時調理が可能な2口コンロの「ツーバーナー」がおすすめ。ガソリンを燃料とするツーバーナーもあるが、ガスのほうが着火が簡単で扱いやすいので、初心者向きだ。

> 家のガスコンロと同じ感覚で使えて、調理しやすい。

> カセットボンベ缶をセットするだけで使える手軽さがよい。

カセットボンベ缶(CB缶)とアウトドア缶(OD缶)

写真右はCB缶、左の2つはOD缶

　ガス缶には、カセットボンベ缶（CB缶）とアウトドア缶（OD缶）の2種類がある。CB缶は家庭用のカセットコンロでもおなじみで、スーパーやコンビニなどでも入手でき、価格も手頃だ。OD缶は、屋外での使用を想定してつくられており、耐久性に優れている。ガス缶はバーナーと同じメーカーのものを選ぼう。

2 シングルバーナー

1口コンロのバーナーを「シングルバーナー」という。軽量で携帯性に優れ、手軽に使うことができる。本体と

ガス缶が一体となったものと、分離しているセパレートタイプの2種類あり、ガス缶の種類もOD缶とCB缶がある。

シングルバーナー（OD缶）

山岳用の一体型シングルバーナー。コンパクトで使用時も場所を取らない。

シングルバーナー（CB缶）

CB缶使用の一体型シングルバーナー。五徳がしっかりしていて、低重心で安定する。

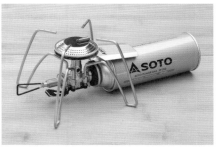

シングルバーナー セパレートタイプ

OD缶使用の分離型シングルバーナー。出力火力が大きいものが多い。

一体型よりも五徳が低く大きいので、安定感があり、大きな調理器具をのせられる。

＋αのアイテム カセットコンロ

キャンプ用のバーナーがなければ、とりあえず家庭用のカセットコンロを持って行くという手もある。また、携帯性に優れたアウトドア用のカセットコンロもあるので、チェックしてみよう。

コンパクトなアウトドア用カセットコンロ（左）と、家庭用カセットコンロ（上）

クッカー

つくる料理に合わせて準備しよう

「クッカー」とは、キャンプや登山時など野外で料理する際に使用する、鍋やフライパン、ダッチオーブンなどの調理器具のこと。素材はステンレス製やアルミ製、鋳鉄製などで、さまざまなサイズがある。アウトドア用の「クッカーセット」があると便利だが、鍋類は家にあるものを使ってもOK。

クッカーセット

大小の鍋やフライパンがセットになったもの。重ねられるので、コンパクトにまとめられるのがメリット。

コンパクトに収納できる！

専用ハンドルも中に入れられる。

ダッチオーブン

煮る、焼く、蒸す、揚げるなど、さまざまな調理ができる万能鍋。焚き火や炭を使った料理に向いている。

ステンレス製は手入れがしやすいのがメリット。ダッチオーブンのふたの開閉はリフターで。

ダッチオーブンの元祖は重厚感ある鋳鉄製。写真のように脚付きのものと、鍋底がフラットなものがある。

スキレット

鋳鉄製の厚手フライパン。熱伝導と保温性に優れ、調理後そのままテーブルに出せば、キャンプ感がアップする。

ふたがあると蒸し焼きなどもできて、料理の幅が広がる。

＋αのアイテム　ホットサンドクッカー

　ホットサンドはキャンプの定番メニューのひとつ（→P146）。キャンプ用に直火式のホットサンドクッカーがあると、ホットサンド以外のメニューにも使えて便利だ。中央に切れ目が入っているものや、上下のプレートを分離できるものなど、いろいろなタイプがある。

さまざまなタイプのホットサンドクッカー。メーカーのロゴの焼き目が入るものもあり、焼き上がりが楽しみに

上下のプレートを分離できて洗いやすい！

折りたたむとコンパクトに！

その他の調理器具、食器類

キャンプでの料理・食事で活躍するアイテム

キャンプでの料理や食事には、包丁やまな板などの調理器具や、食器類・カトラリーなども必要だ。グループや

ファミリーでのキャンプなら、ケトル（やかん）があると一度にたっぷりのお湯をわかすことができて便利。

ケトル（やかん）

お湯はクッカーでわかすこともできるが、ケトルのほうが注ぎやすく、注ぐ量も調整しやすい。コーヒーを淹れるのに重宝する。

パーコレーター

コーヒー（粉）と水を入れて火にかけ、お湯の流れを生かしてコーヒーを抽出する器具。お湯をわかすケトルとしても使える。

＋αのアイテム　保温・保冷容器

保温・保冷容器があれば、スープなどが余ったときに保温しておけるだけでなく、氷を入れてアイスペールとしても使える。ただし、保温・保冷時間には限界がある。スープは温かいうちに食べよう。

入れる量が少な過ぎると保温力が下がって冷めやすいので、「止水部」と呼ばれるラインの1cmほど下まで入れよう

その他の調理器具

調理器具はキャンプ用に新たに買いそろえなくても、家にある使い慣れたものでOK。

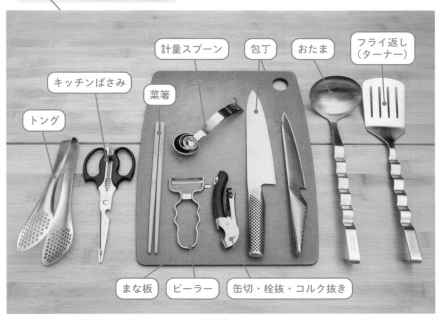

キッチンばさみ

トング

菜箸

計量スプーン

包丁

おたま

フライ返し（ターナー）

まな板　ピーラー　缶切・栓抜・コルク抜き

食器＆カトラリー

さまざまな素材のものがあるが、丈夫で汚れを落としやすいステンレス製がおすすめ。

取っ手が付いた金属製の広口カップ、シェラカップ。カップや取り皿として使うほか、直接火にかけられるので便利。丈夫で軽く、何枚も重ねられる。

スプーンやフォーク、箸などのカトラリーは、専用ケースにまとめておくとよい。

その他のキッチンアイテム

"あると便利なもの"は、取捨選択を

衛生用品や消耗品など、キャンプに必要なキッチンアイテムはまだある。家のキッチンで普段使っているものも多く、"キャンプ道具"として意識していないため、忘れないよう注意しよう。

ウォータータンクや保温ポット＆ボトルは、マストというわけではないが、あると何かと便利だ。積み込める荷物の全体量も考えて、持って行くものを取捨選択しよう。

ウォータータンク

テントサイトに置いておけば、何度も水をくみに行かなくてもよくなる。

ウォーターボトル

水分補給のためマイボトルを用意しておこう。目盛り付きなら計量もできる。また、おやつ入れや湯たんぽとしても使える。

保温ポット＆ボトル

すぐにお湯や温かい飲み物が飲める。温・冷どちらもキープできて便利。

鍋敷き

熱い鍋やスキレットなどをテーブルに置く際に必要。素材・デザインが豊富。

衛生用品・消耗品など

アルコール除菌スプレー
消毒のほか、調理器具や小物、テーブルなどをきれいにするのに使う。

ラップ、アルミホイル

ジッパー付きビニール袋
食材を持ち運んだり、残った料理を入れたりするのに役立つ。

キッチンペーパー
器や調理器具の汚れをふいたり、食材の水気を切ったりするときに使う。

エコ洗剤
炊事場に洗剤を設置しているキャンプ場もあるが、念のため持って行こう。環境にやさしいものを。

スポンジ、たわし

ふきん

ゴミ袋

キッチン用品はコンテナにまとめて

キッチンまわりの道具は数が多く、こまごましているので、コンテナ（→P74）にまとめよう。必要なときに取り出しやすく、片付け・撤収も楽だ。キッチン用品に限らず、道具をカテゴリーごとにコンテナにまとめておくとわかりやすい。

調理器具やカトラリーなど、キッチンまわりの道具をコンテナにまとめておけば、積み込みや運搬もスムーズ

クーラーボックス

キャンプに欠かせない"冷蔵庫"

食材や飲み物を冷やしておくクーラーボックスは、キャンプの必需品。保冷剤や氷を入れて使用する。ソフトタイプとハードタイプの2種類が主流だが、その中間のセミハードタイプもある。それぞれのメリット・デメリットを押さえたうえで、使い分けよう。宿泊キャンプでは併用するのがおすすめ。

左から、ハードタイプ、ソフトタイプ、セミハードタイプ。容量もさまざまだ

ソフトタイプ

やわらかい素材が使われており、軽くて持ち運びしやすく、使わないときは折りたためるのがメリット。保冷力はハードタイプに劣るが、最近は高機能なものも続々と登場している。

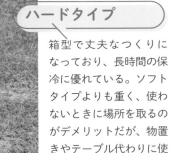

ハードタイプ

箱型で丈夫なつくりになっており、長時間の保冷に優れている。ソフトタイプよりも重く、使わないときに場所を取るのがデメリットだが、物置きやテーブル代わりに使うこともできる。

ふたの開けやすさがポイント。ふたが両開きで取り外せるものもある。

水抜き穴があれば、クーラーボックスをひっくり返さなくても簡単に水抜きができる。

セミハードタイプ

ソフトタイプよりもかたく丈夫で、ハードタイプよりも軽くて持ち運びしやすい、“いいとこ取り”のクーラーボックス。

高さがあれば、瓶類を立てたまま収納できる。

その他の道具

寝室まわり、リビングまわり、キッチンまわりの道具のほかに、
キャンプに必要なアイテムや、キャンプをより快適にする道具を紹介する。

ゴミ箱

ゴミ袋でもよいが、夜間に動物にゴミを荒らされないよう、ふたができるゴミ箱があると安心だ。折りたためるものが便利。

中に袋をセットして使う。

折りたためばコンパクトに。

コンテナ

キッチン用品などの備品をまとめるのに重宝する。用途別に入れておけば、使用時や撤収時にわかりやすい（→P71）。

さまざまなサイズのものがある。ふたは食器の運搬などにも使える（→ P132）。

アクセサリーウェビング

タープ下などに張って、カラビナを使ってランタンやシェラカップなどの小物をぶら下げられるテープのこと。

カラビナ

開閉できるパーツが付いたリングで、登山道具のひとつ。強度が高いクライミング用と別に、普段使いのキーホルダーもある。

キーホルダーには「NOT FOR CLIMBING」（クライミング用ではない）の文字が。

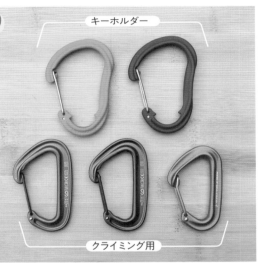

キーホルダー

クライミング用

ロープ

太さや長さ、素材など、さまざまな種類がある。用途に応じて使い分けよう。（ロープワーク →P92）

救急セット

もしものケガに備えて、救急セットを必ず用意しておこう（→P198）。常備薬は各自で準備すること。

キャンプのウェア

キャンプのウェア選びも、キャンプ準備で大切な要素のひとつ。
春・秋の服装を基本に、季節や目的地に合わせてアレンジしよう。

春・秋の服装

キャンプウェアの基本

自然の中で過ごすキャンプは、常に快適な気温とは限らない。季節や時間帯、天気などによって体感温度は大きく変化するため、こまめに体温調整ができる服装を選びたい。

基本は、脱ぎ着しやすい「重ね着」（＝レイヤード）スタイル。いちばん下に速乾性のあるTシャツ類、その上にフリースなどの中間着、さらに保温力の高い上着というように、少なくとも3種類のウェアが必要だ。中間着や上着は、寒くなってからではなく、日没前や風が強まってきたときなど「寒くなりそうなとき」に着ておこう。

また、焚き火をする際にはコットンや難燃性素材のウェアを着用するなど（→P162）、アクティビティに合わせた安全な服装も準備しておきたい。

重ね着で寒暖差に対応

日中と朝夕の寒暖差が大きい春・秋のキャンプでは、長袖シャツとロングパンツに、フリースやネルシャツなどを重ねるコーディネートが基本となる。肌寒いときは、これに中綿やダウンが入ったベスト、ニット帽などをプラスしよう。足元は、厚手のソックスとサンダル、またはローカットシューズがおすすめだ。

こまめに体温調整できるよう、脱ぎ着しやすい服装で

春・秋のコーディネート例

いちばん下に着るTシャツは速乾性のものを。汗などの湿気を素早く発散させ、肌を乾いた状態に保つことで、体温の低下を防ぐ。

Point
Tシャツ

軽量で保温もしっかりできるダウンベストは、春・秋に重宝する。ネルシャツなどの上に重ねると防寒性がアップ。

Point
ダウンベスト

Point
ロングパンツ

薄手だと寒さを感じることがあるので、中厚手のロングパンツが最適。大きめのポケットが付いていると便利。

Point
ソックス＆ローカットシューズ

ソックスは足首が隠れる長さのやや厚手のものがベスト。シューズは足のサイズに合ったはき慣れたものを使おう。

Point
ネルシャツ

ネルシャツやフリースなど、保温性と通気性のあるウェアを重ねる。気軽に脱ぎ着ができる前開きタイプを選ぼう。

夏の服装

夏でも防寒着は必須!

夏は、日中の外気温が体温を超えることもめずらしくない。熱中症(→P196)の予防を意識したうえで、涼しく身軽な服装を心がけよう。

水辺などでは半袖Tシャツやハーフパンツでも構わないが、山歩きの際などは、虫刺されや植物によるかぶれを防ぐため、長袖シャツとロングパンツを着用しよう。いずれの場合も、汗が乾きやすい速乾素材のウェアが望ましい。直射日光を遮るつば付きの帽子も、夏のキャンプの必須アイテムだ。

加えて、雨天に備えて長靴または防水シューズも用意しておこう(→P109)。雨天時にサンダルなどの軽装だと、濡れた足元から体温が奪われ、低体温症になる場合もある。雨天時や標高が高い場所では、夏場でも急激に気温が下がるので、ウインドブレーカーなどの防寒着を必ず持って行こう。

雨対策と風対策

季節や場所を問わず、必ず用意しておきたいのが雨および風対策のウェア。雨の場合は、防水性・透湿性に優れたアウトドア用のレインウェアが蒸れにくくておすすめだ。レインポンチョも蒸れにくいが、設営などの作業には向かない。レインウェアを着るタイミングで、長靴または防水シューズにはき替えよう。

また、風だけでも体感温度は一気に下がる。風が強まってきたときは、服の上から風を防ぐウインドブレーカーなどを着用しよう。もちろん、同じ機能を持ったレインウェアを併用してもよい。

Rainwear

Windbreaker

夏のコーディネート例

Point
帽子

熱中症や日焼けを防ぐために欠かせない。通気性がよく、ひさし（つば）が大きめのキャップやハットがおすすめ。

Point
シャツ

汗が乾きやすい速乾性のTシャツ、トレッキングシャツがおすすめ。さらっとした肌触りの涼感素材なら、より快適。

Point
ロングスカート

肌の露出を抑え、虫刺されや日焼け対策に役立つロングスカート。撥水性やストレッチ性があるアウトドア用がおすすめ。

Point
機能性スニーカー

軽量で蒸れにくいメッシュ素材のスニーカーや、水陸両用のマリンシューズなど、アクティビティに適した機能が備わったスニーカーを選ぼう。

Point
サンダル

かかとを固定できるストラップ付きサンダルは、歩きやすく、ケガの防止にも。水辺でも滑りにくいものを選ぼう。

冬の服装

冬仕様の重ね着で徹底防寒を

　冬のキャンプでは、厳しい寒さに耐えられる、保温性を第一に考えた服装にしよう。春・秋の服装と同様、重ね着が基本となるが、冬は体温を逃しにくい厚手の衣類を重ねていく。

　いちばん下にメリノウールなどの厚手のインナー、その上に風を通しにくいフリースやシェル素材の中間着、さらに厚手のダウンジャケットを着よう。ボトムスには、中綿入りのダウンパンツや厚手のロングパンツ。足元も厚手のソックスとウインターブーツなどでしっかり防寒対策を。アウターやパンツには、焚き火の火の粉によるリスクを考慮し、コットンなど難燃性の素材を表地に使ったものがおすすめだ。

　また、耳や首、手首といった熱が逃げやすい部分が露出しないように、ニット帽、ネックウォーマー、グローブなども活用しよう。

目的地の標高で服装を考える

　キャンプの服装は、目的地の標高がポイントとなる。標高100mごとに気温は約0.6度下がるので、たとえば、標高0m地点から1000mの高原キャンプ場へ行くなら、約6度低くなる。また、風速1mごとに体感温度は1度下がるといわれており、少しの風でも実際の気温より寒く感じる。標高と風速によって体感温度が大幅に下がることを考慮して、服装の準備を進めよう。

標高1000〜1500m

高原での寒さ対策は、風を防ぎ体の熱を逃さず、暖かい空気の層をつくることが重要。季節を問わずインナーダウンが大いに役立つ。

標高500〜1000m

夏は暑さをしのげて快適だが、夜になると一気に気温が下がる。夏でも油断せずに秋冬用のウェアを用意しておこう。

標高0〜500m

標高がそれほど高くなくても、自然の中にいると思ったより寒く感じることもある。特に春・秋は防寒着を準備しよう。

冬のコーディネート例

耳まで隠れるニット帽で頭部の冷えを防止しよう。ウールは保温性に優れているが、濡れても乾きやすいのはアクリル製。

Point ニット帽

Point ネックウォーマー&グローブ

ネックウォーマーやグローブは、熱が逃げやすい首や手首を覆って寒さから守ってくれる。

Point フリース＋ジャケット

軽量で保温性にすぐれたフリースを中間着に。中綿入りのジャケットを上から重ねて、体温を逃さないようにする。

Point ダウンパンツ

積雪のある寒冷地や標高が高い場所では、裏地が起毛素材のフリースパンツやダウンパンツがおすすめ。

Point ショートブーツ

足首まで隠れる丈のウインターブーツで冷気をシャットアウト。靴下を重ねられるよう、やや大きめのサイズを選ぼう。

Point ロングパンツ

厚手のロングパンツの下に、ウールタイツや保温機能の高いレギンスなどをはくと安心。

荷物の積み込み

キャンプの道具を準備したら、車への積み込みを（オートキャンプの場合）。
たくさんの荷物を積み込むためのポイントを押さえておこう。

大きなものから積み込み、隙間を埋めていく

　泊りがけのキャンプとなると、どうしても荷物が多くなる。限られた車の荷室に、パズルのように荷物をうまく積み込もう。基本は大きくて重い荷物から積み込み、小さいものや布類で隙間を埋めていく。また、クーラーボッ

クスや、到着後すぐに使うタープやテント、ペグ＆ペグハンマーなどは、取り出しやすいよう手前に置いておこう。
　雨天時は、段ボールやレジャーシートを荷室に敷いておくと、汚れが防げて掃除もしやすい。

小物類や衣類は大きめのトートバックにまとめておく。

バックミラーの視界をきちんと確保しておこう。

買い出し時に利用しやすいよう、クーラーボックスは手前に。

1 小物はジャンルごとにコンテナにまとめる

キッチンまわりの道具などは、ジャンルごとにコンテナにまとめておくとわかりやすい。

2 積み込む前に荷物をすべて並べる

荷物をすべて並べることで、忘れ物がないか確認できるし、積み込みのイメージがわく。

2

キャンプ道具の 選び方・買い方

　キャンプ道具は、価格も機能もさまざまなアイテムが販売されています。そんな中「どれを買えばいいのだろう？」と悩んでしまうことも多いでしょう。キャンプ道具乱立時代において、どうやって選べばいいのでしょうか？

　ここでは3つの項目で優先順位を紹介します。ひとつ目は購入優先順位。キャンプの快適度を左右するという観点からは、「寝具＞明かり＞アンダー（インナー）ウェア＞テント、タープ＞リビング・キッチンまわり＞その他」という優先順位になります。

　2つ目は道具選びの優先順位です。年間使用頻度を考えると、「自宅での手入れのしやすさ＞自宅での収納性＞移動時の積み込みやすさ＞設営・撤収のしやすさ＞フィールドでの使い心地」という順位になります。さらに3つ目として、購入時に迷ったときは、「使いたい用途・機能＞自分の好み＞人気度・口コミ＞価格」の順に考えましょう。

　これら3つの優先順位にプラスして、さまざまなキャンプ道具をレンタルしてみたり、キャンプ場で使っている人に実物を見せてもらったりしながら、キャンプのたびに少しずつニューアイテムを導入していき、自分にとってベストなものを大切に長く愛用してください。

テントも用途や収容人数によって収納サイズが大きく異なる

Chapter 3

キャンプを
しよう！

さぁいよいよキャンプへ！ 快適・安全なキャンプのために、サイト
設営の基本知識をはじめ、タープやテントの張り方、トラブル対策
などを紹介する。撤収や道具の手入れについても押さえよう。

サイト設営の基本

楽しいキャンプの第一歩は、どこにサイトを設営するかの場所選び。
ここでは、フリーサイトでのサイト設営について紹介していこう。

サイトの選び方

▶ フリーサイトでのサイト選び

サイトの区画がなく、決められたエリア内であれば、どこにテントやタープを張ってもよいフリーサイト。キャンプに参加する人数に合わせて、自由にレイアウトできるのが特徴だ（→P31）。開放感があって気持ちがいいし、大型のテントやタープでもスペースを気にせず張ることができる。

しかし、自由である分、どこに陣取ったらいいのか迷うこともある。牧草地のように広々とした場所がいいのか、あるいは木のそばがいいのか……。また、混雑してくると、区画がないために、テント同士の距離がかえって近付いて、プライバシーの確保が難しくなる場合もある。フリーサイトを利用するときは、早めにキャンプ場に入って最適なテントサイトを確保することが、快適なキャンプの第一歩だ。

以下のポイントを考慮しつつ、自分たちのキャンプスタイルに合ったサイトを見つけよう。

サイト選びのポイント

1 景色のよいところ

©K@zuTa／PIXTA

自然の中に来たのだから、キャンプサイトから望める景色は大きなポイント。山並みや夕日がきれいに見える場所を選びたい。ただし、牧草地の真ん中など開放感がある場所は、日陰がないので注意しよう。

よい景色が見られるとキャンプの満足度も上がる

2 地面が平らなところ

地面が平らかどうかは必ず確認しよう。斜面に張ったテントは想像以上に寝づらい。また、リビングもテーブルやチェアが安定せず過ごしにくい。土や芝生など、ペグの刺さりやすさも大事だ。

地面に寝転がってみれば、平らかどうかを確認できる

木と木の間にロープを張れば、いろいろと干せて便利

3 木のあるところ

木々の間は木陰ができてよい。特に日差しが強く気温が上がる真夏のキャンプでは、木のあるところがおすすめ。許可があれば、ハンモックをかけたり、ロープを結んでシュラフを干したりできる。

4 トイレ・炊事場との距離感

トイレや炊事場は近いほうが便利だ。一方で、人の行き来が多くなるため、プライベート感がなくなるデメリットも。人の動線になりにくく、ちょうどよい距離感の場所を見極めるようにしよう。

まずはトイレや炊事場の場所をチェックしておこう

©ジャーマンポテト / PIXTA

川辺のキャンプ場では、川との距離に注意が必要

5 自然のリスクを回避する

安全に過ごすための知識がない初心者は、倒木などの可能性がある葉や枝が枯れている木の下、増水の危険性がある川辺などでは、そういったリスクから十分離れたところにサイトを設営しよう。

レイアウトの基本

サイトレイアウトのポイント

キャンプサイトは大自然の中のわが家。どうしたら自分の理想の「家」ができるのかイメージしながら、レイアウトしていこう。

サイトレイアウトの基本は、みんなにとって快適な空間をつくること。みんなが集まるタープはどこに張るか、それぞれのテントはどこにどの向きで張るか。動線を考慮して、ムダな動きがないように配置を考えよう。また、ほかのサイトと適度な距離をとるのが理想。プライベート感が確保できるよう、テントの出入口の向きを含めてレイアウトを決めていくといい。焚き火をするのであれば、レイアウトに焚き火台の位置も入れよう。

設営が完了したサイトの例。中央にリビングスペース、その周りに各自のテントを設置している（→P89）

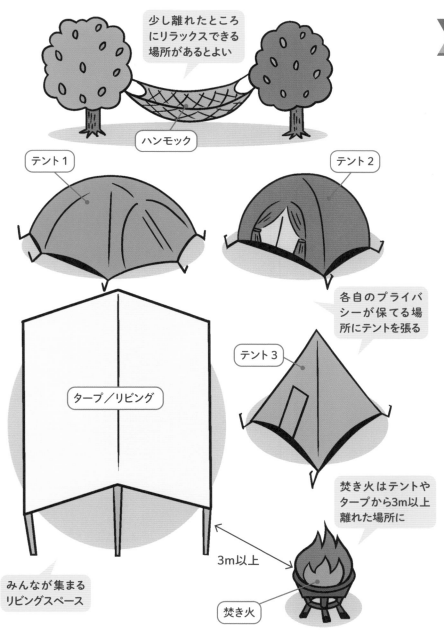

サイト全体のレイアウト例

少し離れたところにリラックスできる場所があるとよい

ハンモック

テント1

テント2

各自のプライバシーが保てる場所にテントを張る

テント3

タープ／リビング

焚き火はテントやタープから3m以上離れた場所に

3m以上

みんなが集まるリビングスペース

焚き火

ペグ打ち

ペグの種類と選び方

　ペグは、テントやタープを地面に固定する杭のこと。キャンプに不可欠な道具だ。テントやタープを購入すると必ずセットで付いてくるが、それが最適なペグとは限らず、すぐに破損してしまうケースも多い。

　ペグにはさまざまな種類があり、金属製のもの、プラスチック製のもの、それらを合わせたものなどがある。地面のかたさや状況により使い分けるのが理想だが、ひとつ選ぶとしたら「鍛造ペグ」がおすすめだ。少々値段は張るが、強度が高く、めったなことでは破損し

ない。地面がかたい砂利のサイトでも、やわらかい芝生のサイトでも、しっかりとテントやタープを支えてくれる。長さは何種類かあるが、30cm程度のものを選べば万能に使える。

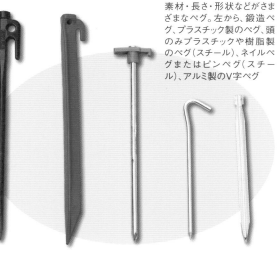

素材・長さ・形状などがさまざまなペグ。左から、鍛造ペグ、プラスチック製のペグ、頭のみプラスチックや樹脂製のペグ（スチール）、ネイルペグまたはピンペグ（スチール）、アルミ製のV字ペグ

ハンマーを用意

　ペグとともに必要となるのが、打ち込むためのハンマーだ。重量はあるが、ペグを抜くときにも使える金属製のペグハンマーがおすすめ。誤って手を打たないようにグローブがあるとなおよい。

鍛造ペグと
金属製のペグハンマー

ペグの打ち方

　ペグは、垂直ではなく、ロープと反対方向からやや斜めに打ち込むのが基本。ロープと同じ向きだと引っ張られて簡単に抜けてしまうためだ。また、地中に石がある場合は、無理に打ち込まずに、少し場所をずらして打ち直す。タープやテントを上から見て、右下の次は左上というように、対角線上に順番にペグを打っていこう。

ペグを打つときは、手の保護や衝撃吸収のためにグローブを着用しよう

❶ ロープと反対方向からやや斜めに打ち込む。ペグとロープの角度は90度以内。

❷ 手を添えて軽くペグの頭をたたき、安定したら手を外してハンマーでたたく。

❸ 写真のようにペグの頭が少し出るくらいまで、しっかりと打ち込む。

ペグの抜き方

鍛造ペグの場合

　ペグが刺さっているのと同じ向きで引き抜くのが基本。回しながら抜くと抜きやすい。ハンマーの反対側をペグの頭の穴に引っかけて抜く方法もある。

V字ペグの場合

　少人数用のテントではアルミ製のV字ペグを使うことも多い。V字ペグは短いので手で抜くことができるが、抜きにくい場合はロープの根元を持って引っ張ると抜ける。

ロープワーク

ロープの結び方

　ロープは、タープやテントを張ったりするときに必ず必要なアイテム。ロープがうまく使えると、テントやタープを張るのが断然楽しくなる。ほかにも、シュラフやタオルなどを干すためのランドリーロープや、小物をぶら下げるためのハンガーロープなどがあり、ハンモックを吊るすときにも役立つ。いざというときのために、ロープを予備で何本か持って行くとよい。

　キャンプでよく使うロープの結び方には、もやい結び、自在結び、ふた結びなどがある。ただ、初心者がこれらをすべてマスターするのは大変なので、まずはベーシックな結び方のひとつ「二重8の字結び」を覚えておこう。

キャンプで使用するロープには、用途別にさまざまな種類がある

麻ひもは、写真のような木工クラフトなどにも使う

二重8の字結び

　ロープの途中に、絶対に外れない輪（ループ）をつくる結び方で、タープのメインポールを固定する際に使う。クライ

ミングでも最初に覚えなければならない、基本中の基本だ。次ページのランドリーロープの張り方でも使う。

ランドリーロープの張り方

　シュラフやマット、タオルなどを干すためのランドリーロープは、2本の木の間にテープスリング（＝輪っかになった丈夫なひも）とカラビナを使って張る。安定感があり、ある程度重いものを干しても大丈夫。少し難しく見えるが、慣れれば簡単だ。取り外し（＝解除）も楽なので、ぜひ覚えておこう。

シュラフやマットは撤収前に干しておこう（→P113）

1 用意するものは、ロープ1本、テープスリング2本、カラビナ3本。

2 テープスリングを片方の木に巻く。縫い目にテンション（＝張力）がかかるのはNG。

3 テープスリングにカラビナをかけ、二重8の字結びにしたロープをかける。

4 もう片方の木にもう1本のテープスリングをかけ、そこに2本のカラビナをかける。

5 ロープの端を右（紫）から左（緑）へ2本のカラビナに通す。

6 ロープを回し、右（紫）のカラビナにだけ上からロープをかける。

7 ロープの端を引っ張ってテンションをかける。これでOK。

解除

1 ロープの端を2本のカラビナの間に持ってきて、右（紫）にロープをかける。

2 ロープの端を引っ張ると、するりとロープが抜ける。

93

ロープのまとめ方

ロープワークでは、ロープの結び方や使い方だけではなく、まとめ方も重要になってくる。使い終わった後のロープを無造作に片付けると、絡まっ

てしまい、次に使うときに面倒だ。必ず1本1本きちんとまとめてから収納しよう。ロープの太さ別に、まとめ方を紹介する。

細ロープ

軽量テントの張り綱などに使われる細いロープ。長さは2〜6m程度。使わない場合もあるので、じゃまにならないよう結んでおこう。

1 ロープを手のひらにぐるぐると巻きつけていく。

2 ロープの端を少し余らせて、真ん中に巻いていく。

3 最後に人差し指にロープを巻きつけ空間をつくる。

4 ロープの端にループをつくり、この空間に通す。

5 しっかりとループを引っ張る。

中・太ロープ

ランドリーロープのほか、トライポッドを使う際や、ブランコをつくるのに便利なロープ。太さ6〜12mm程度、長さ2〜4m程度。

1 ロープをたたみ、1mくらいの長さにまとめる。

2 ロープをくるりとまとめ、真ん中に輪をつくる。

3 輪の間から指を通し、もう一方のロープをつかむ。

4 ループになった部分をしっかりと引っ張る。

5 シンプルにまとめておく。

中ロープ

タープやテントの張り綱、ランドリーロープなど、いちばん使い勝手がいいのが太さ4〜5mm、長さ4m以上の中ロープ。長さがあるので、きれいにまとめるには少しテクニックがいる。このまとめ方はしっかりと覚えておこう。

1 ロープの端を親指と手のひらで挟む。

2 手のひらとひじを使いロープを引っかけていく。

3 クロスさせるようにして、何重にも引っかけていく。

4 ロープの端を1.2mくらい余らせて、ひじを抜く。

5 ロープの真ん中より上の部分を束ねてつかむ。

6 余ったロープの端を束ねたロープに巻きつけていく。

7 余ったロープが短くなってきたらループをつくる。

8 つくったループを束ねたロープのループに通す。

9 ループを親指と人差し指で広げて空間をつくる。

10 これをロープの束の上にかける。

11 余ったロープの端をしっかりと引っ張る。

12 きれいにまとめておけば、次に使いやすい。

サイトを設営する

サイトが決まったら設営開始。まずタープを張り、それからテントを設営する。
タープおよびテントの設営手順や、レイアウトのポイントなどを押さえよう。

タープを張る

タープ設営のポイント

キャンプサイトにみんなが集まるリビングスペースをつくるタープは、日差しの強いときは日陰をつくり、天気が崩れたときには雨よけにもなる。また、木の葉や小枝が落ちてくるのを防いでくれたりもする。

設営の際には、まず風向きを考えて角度を調整する。タープは風に弱く、強風のときは吹き飛ばされてしまうこともあるため、風が強過ぎる場合は無理に張らないこと。次に太陽の向き。太陽が移動することを考え、なるべく日陰ができるように設営しよう。さらに考慮に入れたいのはタープの有効面積（→P56）だ。雨の吹き込みを考えると、タープ各辺から1m内側となる。

タープをうまく張るコツは段取り。設営する前に、必要な道具がそろっているか確認して、ポールや張り綱、ペグを配置することから始めよう。

大きい布をポールとロープとペグだけで支えるタープ。初めは扱いにくいかもしれないが、慣れてしまえば設営はそれほど難しくない

タープ設営の手順　※レクタタープ（→P57）の例

1 ポールを組み立てる。ジョイント部分がしっかりはまっていることを確かめて。

2 必要な道具をすべて配置して、タープのセンターを合わせ、四隅を広げる。

45度

3 タープにメインポールと張り綱を連結。張り綱を約45度に広げて地面にセット。

自在金具
10cm

4 自在金具の位置を張り綱の中心にし、金具の10cmほど下、張り綱の間にペグを仮で打ち込む。

5 片側のセンターポールを立てたら、倒れないように布を引きながら反対側に移動。もう1本のポールを立てる。

6 自在金具を動かして、張り綱のテンション（＝張り具合）を調整する。

7 メインポールがしっかり立つように調整する。調整後、仮打ちしたペグをしっかりと打ち込む。

8 タープの四隅にもポールと張り綱をセットし、タープから1〜1.2mのところで張り綱をペグで固定。対角線側へと順にペグを打つ。

9 一度ポールを少し倒して、張り綱にしっかりテンションをかけてから、もとの角度に戻す。ペグに張り綱を引っかけて完成。
※力の弱い人におすすめの方法

雨の日のタープ設営

せっかくのキャンプなのに、雨に降られることもある。特に山の天気は変わりやすい。雨が降ってもあわてずに、タープのサブポール1本を内側に傾けて片方を倒すことで、雨水の逃げ道をつくり、雨の吹き込みを防ごう。また、タープの長辺にロープを付けてペグ打ちし、タープを下げて雨水を逃がす方法もある（→P109）。

テント設営のポイント

テントはキャンプでの自室であり寝床。テントはキャンプの快適さを大きく左右するので、キャンプのスタイルによってどんなテントを持って行くかが変わってくる。大人同士のグループキャンプなら、ドームテント（→P46）やワンポールテント（→P49）などで小さめのものを一人ひとりが持って行くというスタイルがおすすめだ。使用するのが1人でも2人用のテントを持って行けば、広々と使えるし、テント内で必要なものを置いておくスペースも確保できる。また最近は、大型のツールームテント（→P48）を持って行く家族連れやカップルも多い。

テントの設営方法は、テントの形やメーカーによって異なるが、基本的なポイントは同じだ。ここでは、ドームテント、ワンポールテント、ツールームテントの3種類のテントの設営手順を細かく紹介していく。あわせて、現地であたふたしないよう、事前に付属の説明書などで手順をシミュレーションしておくと安心だ。

快適な寝室をつくるためのテント設営は、キャンプでの重要な工程だ

©ライダー写真家はじめ / PIXTA

ドームテントの設営手順

自立型のドームテントは、細いポールを組み立て、インナーテントを張り、その上に雨などを防ぐためのフライシートをかけるのが基本手順。インナーテントとフライシートの間に「前室」があり、靴や荷物を置くことができる。

設営しやすく扱いが楽な山岳用ドームテントは、キャンプ初心者向き

1 平らな場所を確保。グランドシートを敷いた上に寝転んでみて、シートの下に小石や小枝があれば取り除く。

2 テントの方向や出入口を決めて、グランドシートを敷く。その上にインナーテントを広げる。

3 ポールを組み立てる。ジョイント部分がしっかりはまっていることを確認。

4 ポールをインナーテントのスリーブ（＝ポールを通すための筒状の生地）に押すようにして通していく。

5 もう1本のポールも、クロスさせて同じようにスリーブに通していく。

6 ポールの片方をインナーテントの四隅の金具にセットして、インナーテントを立ち上げる。

7 出入口を確認したら、インナーテントの上にフライシートをかけ、インナーテントの端で留める。

8 四隅のロープにペグを打って、インナーテントを固定する。

9 強風対策として、四隅中央にある張り綱を対角線上に引き、ペグを打って固定する。

ワンポールテントの設営手順

布とポール1本というシンプルな構造のワンポールテントは、非自立式のため、一度張ったら簡単に移動させたり向きを変えたりできない。設営場所やテント出入口の向きをしっかりと確認してから設営を始めよう。

シンプルな形のワンポールテントは、風に強いのが特徴

1 設営場所を決めたらグランドシートを広げ、対角線上に四隅にペグを打って固定する。

2 グランドシートにインナーテントを広げて、四隅のペグにロープを引っかける。

3 表裏と前後をチェック。簡単に張り直せないので、出入口の向きを確かめる。

4 インナーテントの上にフライシートを広げ、四隅のロープをペグに引っかける。

5 ポールを組み立てる。ジョイントがしっかりはまっていることを確かめる。

6 インナーテントの中に入り、天辺を探しながらポールを入れる。

7 天辺とテント内のセンターポイントを合わせるようにポールを立てる。

8 フライシートの四隅のロープを調整し、ポールが上から押さえつけるようにテンションをかけて固定する。

9 強風のときは張り綱で固定する。センターを中心に対角線上に張り綱を張るのがコツ。

ツールームテントの設営手順

ツールームテントはドームやワンポールよりパーツが多く、設営も複雑。設営方法はメーカーごとに異なるが、基本的にはドームテントに近い。大きな違いは、外側のテントを張った後に、中にインナーテントを設営する点だ。

広くて快適なツールームテント。その分必要な面積が大きくなり、パーツも多い

1 すべてのポールを組み立てる。ジョイント部分がしっかりはまっているかを確かめること。

2 テントを広げ、スリーブの形状を確認して、交差部はポールを下→上の順に入れる。

3 ポールの先をテントの隅の金具の穴にセットして、テントを立てていく。

4 ポールのもう一方も金具にセット。テントの生地ごとしっかりと引っ張るのがコツ。

5 テントに付いたフックをポールに引っかけていく。

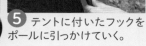

6 前室部分のスリーブにポールを通し、ポールの先をテント隅の金具にセットして、フックをかける。

7 ポールが重なる部分をテープで固定する。

8 テントの出入口部分も同様に、スリーブにポールを通していく。

9 テントの外側が完成。ゆがみをチェックして、テントの形を整える。

10 隅のロープにペグを打ち、テントを固定する。

11 次にテントの内側をつくっていく。まずはテントの中にグランドシートを敷く。

12 インナーテントをテントの中へ持ち込み、グランドシートの上に広げる。

13 インナーテントに付いたフックを天井や隅に引っかけて、テントを吊るす。

14 テント内の空気が入れ替えられるように、ベンチレーション（＝換気口）を開く。

15 強風に備えて張り綱をペグで固定。対角線を意識して、しっかり引くよう心がける。

🚩 テントを設営するときの注意点

　テントの設営に際して、キャンプ初心者がやってしまいがちなNGポイントも含め、注意点を紹介していこう。

これらを怠ると、不快な思いをしたり、場合によってはテントが壊れたりすることもあるので、十分に注意しよう。

テント設営の注意ポイント

1 グランドシート

　グランドシートはテントの底面より少し小さめのものを選ぶこと。テントからはみ出すと、シートとテントの隙間から浸水してしまう。防水シーリングが施されている場合は、その面を上にしよう。

2 ポールのジョイント部分

ポールのジョイント部分を地面につけないように気を付けよう。ジョイントに砂や泥が入り込むと、傷がついたり、隙間ができたりして、うまく接続できなくなる。また、破損の恐れもある。

3 ポールは押すのみ

テントのポールをスリーブに通すときに、つっかえてうまくいかないからといって、ポールを引くのは絶対NG。スリーブの中でジョイントが外れてしまうと、ポールが折れることもある。

4 テントとフライシートの隙間

雨風を防ぐフライシートとテント本体の間には必ず隙間が必要。隙間がないとフライシートからテントに雨が伝わり、内部に水が侵入する。フライシートはゆるまないようピシッと張る。

5 パネルの巻き上げ

テント出入口のパネルは、不要なときは巻き上げておくことができる構造になっているが、必ずテント側に内巻きで巻き上げるようにする。外側に巻くと、隙間に雨や水がたまってしまう。

テント内のレイアウト

快適な寝室をつくるには?

テントの中は寝室＆クローゼット。快適な夜を過ごすための空間となるので、コンパクトかつ使い勝手のよいレイアウト・物の配置を考えよう。

ぐっすり眠るために、まずは床の暖かさを確保したい。テントの中にインナーシートを敷き、さらにシュラフの下にマットを敷けば、地面からの寒さをしのげ、地面の凸凹も緩和される。

寝る向きは、出入口を足側にするのがおすすめ。起き上がったらそのまま動けるし、枕元に小物を置くスペースを確保できる。枕元には、ヘッドライトやウォーターボトルなど使用頻度の高い小物を置いておこう。

寒さをしのぐためのブランケットなどかさばるもの、トートバッグに入れた衣類は、足元のほうに置いておくとじゃまにならない。携帯電話は床に置くと見失いがちなので、テント内にあるポケットに入れておくといい。

また、夜寝る前に、靴は必ずテントとフライシートの間の前室部分に入れておこう。外に出しっぱなしにしておくと、雨が降らなくても朝露で靴がびしょびしょになってしまう。

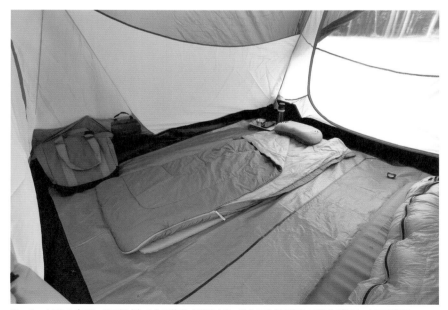

ツールームテント内のレイアウト例。2人で使用する場合は、出入口を足側にして横並びにシュラフを配置

テント内のレイアウト例

インナーシート

ウォーターボトル

ヘッドライト

携帯電話

マット

枕

靴

トートバッグ
（服など）

シュラフ

出入口／
前室部分

袋類

ブランケット

リビングのレイアウト

快適なリビングをつくるには？

料理をつくり、みんなでごはんを食べ、談笑できるリビングは、キャンプの中心となる場所。みんなが快適に過ごせる空間が理想だ。

タープを張るのであれば、リビングはその下につくることになる。テーブル＆チェアを配置し、調理スペース（キッチン）も設けよう。数人でキャンプをするのであれば、動線を考えて、キッチンスペースのすぐ横にテーブルとチェアを置けば、料理をスムーズにみんなに配ることができる。

キッチンは、料理する人にとって使い勝手がよいように工夫しよう。目の前にコンロ（ツーバーナー）、その隣に包丁が使えるスペースを確保しておくとよい。鍋やケトル、食器やカトラリー、ウォータータンクなども、手の届きやすいところに配置しよう。

クーラーボックスは、食材を入れたものはキッチンの隣に、飲み物を入れたものはテーブル側に置いておくと、食事や団らん時に飲み物を取り出しやすくて便利だ。

リビングのレイアウト例。キッチンを別にせず一体化させることで、動線がスムーズになる

リビングのレイアウト例

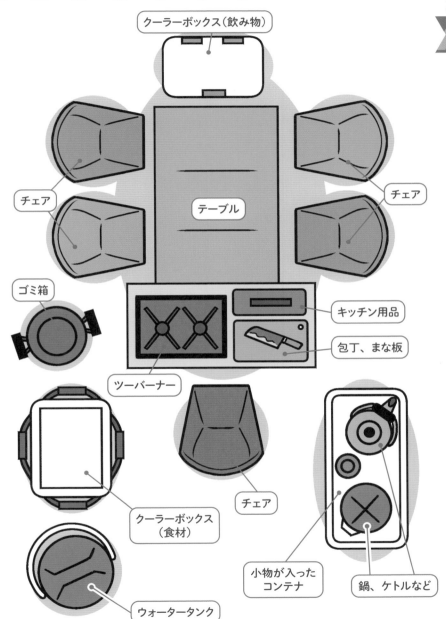

クーラーボックス（飲み物）

チェア

チェア

テーブル

ゴミ箱

キッチン用品

包丁、まな板

ツーバーナー

クーラーボックス
（食材）

チェア

ウォータータンク

小物が入った
コンテナ

鍋、ケトルなど

キャンプ中のトラブル対策

自然の中で行うキャンプは、天候や暑さ・寒さなどの自然現象の影響を大きく受ける。さまざまな事態を想定して、しっかり準備・対策をしておこう。

悪天候対策

安全第一、無理なときは撤退も視野に

キャンプの醍醐味が自然の中で過ごすことにある以上、いつも晴天に恵まれるとは限らない。出発前に悪天候だとわかっていればキャンプを中止すればよいが、キャンプをしている間に天気が崩れることもある。特に山の天気は変わりやすく、晴れていても突然雨が降り出すこともめずらしくない。

雨が降り出したら、キャンプ道具や備品は急いでタープ下の中央（各辺から1.5m内側）に移動させよう。難敵は強風だ。タープさえ吹き飛ばされてしまうことがあるので、その場合は飛ばされそうなものはすべて撤収。雷雨であれば、迷わず車かキャンプ場の管理棟へ避難すること（→P202）。

キャンプサイトにテントを張ったからといって、何が何でもその場所にしがみつく必要はない。空きがあれば、無理せず小屋泊に変更しよう。

常に最悪の状況を考えて、早めに判断し、安全に過ごせる選択をしよう。

悪天候時の対策

1 タープは風速5mまで

タープの弱点は強風。風速5m以上の風が吹いていれば、タープは撤収したほうがよい。慣れていれば、多少の風ならタープの一辺を下げて風よけにする方法もあるが、無理は禁物だ。

2 タープの雨水を逃す

雨が降るとタープ上に雨水がたまってくるので、ときどきサブポールを1本倒して雨水を落とす。タープの長辺にロープを付けてペグ打ちし、イラストのようにタープを下げて雨水を逃がす方法もある。

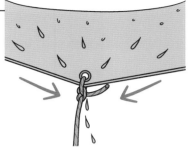

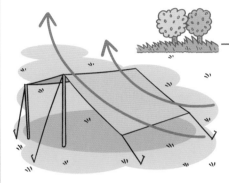

3 横からの吹き込み

タープが吹き飛ばない程度の風であれば、タープを低くしたり、ポールを少し傾けて一辺を低くしたりして、吹き込みを防ぐことができる。これらは、雨が降ってきたときに雨水を逃す方法としても有効だ。

4 防水シューズはマスト

雨を侮ってはいけない。足が濡れることで体全体が冷え、低体温症（→P197）につながることもあるため、防水シューズや長靴は必需品だ。キャンプ道具とともに必ず車に積んでおこう。

5 雨天時の急な撤収はとりあえずゴミ袋へ

キャンプに持って行くと便利なのが大きなサイズのゴミ袋。急な雨降りのときの緊急対策用にも使える。濡れたテントやタープはひとまずゴミ袋に入れて、手早く撤収するようにしよう。

暑さ・寒さ対策

夏の太陽をみくびらない

寒さに対する備えはあっても、油断しがちなのが暑さへの対策だ。夏のキャンプでは、虫刺されなどのトラブルに注意するとともに、暑さ対策もしっかりと。高温による脱水症状や熱中症、過度な日焼けに気を付けよう。

暑さへの対処法

1 直射日光を避ける

熱中症のおもな原因は、直射日光と過度の運動。日差しの強い場所に長時間いるのを避け、木陰やタープ下など日陰に入るようにしよう。帽子や長袖シャツの着用も効果的。

2 水分補給

のどが渇いたと感じるのは、体の水分が足りなくなっているサイン。油断していると、気が付けば脱水症状というケースも。いつもより排尿の回数が増えるくらい、積極的に水分を取ろう。

3 濡れタオル

熱中症にならないようにするには、こまめに体温を下げることが大事。濡れタオルや、保冷剤を包んだタオルを首に巻いて、体温を下げよう。冷感タオルも暑さ対策に重宝する。

体温が下がらないように

気温が低くなる秋・冬のキャンプでは、事前に寒さ対策を講じるのが基本。標高が100m上がるごとに気温は約0.6度下がるので（→P80）、標高が高い山のキャンプ場では、低地よりぐっと気温が下がることを覚えておこう。

寒さへの対処法

1 ブランケット

ダウンジャケットやフリースなどの防寒着は必須だが、ブランケットが1枚あると、ちょっと肌寒いと感じたときにさっと体に巻くことができて便利。キャンプ道具にぜひ加えておきたい。

2 湯たんぽ

キャンプでは湯たんぽが役に立つ。寝る1時間前にシュラフの中に入れておけば、ほかほかのシュラフで眠りにつける。熱湯は入れられないが、ホット用ペットボトルでも代用できる。

3 テント内は火気厳禁

ときどきテント内でバーナーやストーブを使用する人がいるが、基本的にテント内での火の使用はNGだ。火事の恐れがあるし、換気が悪いと一酸化炭素中毒になる場合もある。

撤収する

キャンプで設営と同じくらい手間がかかるのが撤収だ。次にまた
気持ちのよいキャンプができるように、きちんと道具をまとめておこう。

スムーズな撤収のコツ

しっかり片付けておけば、帰宅後が楽に

撤収は段取りが大切。どんな順番で片付けると楽なのかを考えておこう。チェックアウト前日の寝る前に、もう使わない小物や服を片付けておくと、翌日の撤収作業が大幅に楽になる。

「撤収は設営と違って片付けるだけ」と思っている人もいるかもしれないが、この撤収作業は意外なほど時間がかかる。チェックアウトの2時間前にはスタートしよう。チェックアウト時間はキャンプ場によって異なるので、事前に確認しておく必要があるが、10～11時に設定されているところが多い。となると8～9時には撤収作業を始めることになるが、もっとゆっくりしたいという人は、チェックアウト時間を延長するとよい（→P38）。

テントやシュラフを十分に乾燥させ、食器もしっかり洗っておけば、帰宅後にやり直さずに済む（→P115）。

 晴れの場合の撤収手順

1 テント内の片付け

撤収作業の最初の一歩はテント内。朝起きたら、まず自分が寝たテントの中を片付けよう。すぐにテント内を空にできるよう、小物や衣類、ブランケットなどはきちんとまとめておく。

2 シュラフを干す

シュラフは乾燥に時間がかかるので、天気がよい場合はシュラフを天日干しする。寝汗を吸ったシュラフをそのままにしておくと、カビが生えたり、生地が傷んだりする。しっかり干そう。

3 テント・タープを干す

まとめておいた小物や荷物を外に出してテント内を空にしたら、次にテントとタープを干そう。キャンプ場でしっかり干しておけば、家に帰ってからもう一度広げる必要がなくなる。

4 小物・キッチン用品の片付け

朝食が済んだら、食器などキッチンまわりの道具や、ランタンなどの小物を片付ける。夕食でしか使わない調理器具や食器類は、前夜のうちに洗っておこう。翌日の作業が楽になる。

5 テーブル＆チェアを撤去

テーブルとチェアは、テントから持ち出した荷物や小物、洗った食器などを置いておく場所として利用できる。車に荷物を積み込む際は、最後にテーブル＆チェアを積み込むといい。

Chapter3

キャンプをしよう！

1 テント内の片付け

雨の場合でも、まずはテント内の小物や荷物をまとめる。シュラフやマット、インナーシートなどは外に干せないので、テントの中でまとめたり収納袋に入れたりしておこう。

2 タープの下で片付け

キッチンまわりの道具やランタンなどの小物は、なるべく雨に当たらないタープの下で片付けて、車に積み込みやすいようにまとめておく。テント内の荷物もタープ下へ移動しよう。

3 荷物を素早く車へ

タープ下でまとめた荷物を、なるべく雨に濡れないように急いで車の中に積み込む。雨の中での積み直しは避けたいので、どうやって積み込むのか事前にシミュレーションしておこう。

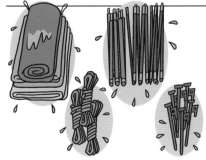

4 テント・タープは4つに分けて

最後に撤収するのがテントとタープ。テントとタープを、①濡れた布類、②ポール、③ロープ、④ペグの4つに分けて積み込めば、それぞれが干渉し合ってダメージを与えることがない。

撤収時の道具の手入れ

道具の手入れは次のキャンプへの第一歩。撤収時にできるだけ道具を
手入れしておけば、帰宅後の作業がぐっと楽になり、道具も長持ちする。

道具の手入れのコツ

撤収時にできる限り手入れを

道具の手入れのいちばんのポイントは、家に帰ってからもう一度やり直すのではなく、なるべくキャンプ場で済ますことだ。テントやタープを帰宅後に広げて干すとなると、手間がかかるし、広いスペースが必要になる。小型のドームテントならまだしも、大型のツールームテントになると、家で広げるのはなかなか難しいだろう。

シュラフも、寝汗を吸ったままの状態でうっかり収納してしまうと、次に使うときにカビくさいということになりかねない。食器や調理器具も、キャンプ場の炊事場でしっかり汚れを落として、きちんと乾燥させておけば、帰宅後に洗い直す必要がない。

撤収時に、使ったキャンプ道具の汚れをしっかりとふき取り、破損箇所をチェックしておくことが、道具を長持ちさせることにもつながる。

食器やカトラリーを洗ったら、しっかり乾燥させてから収納しよう

テントの撤収と手入れ

長持ちさせるためにしっかり乾燥を

　テント撤収の手順は、基本的に設営を逆回ししていくことになる。テント内のゴミを清掃し、テントを長持ちさせるためにもしっかり乾燥させよう。同時に破損をチェックして、場合によってはメーカーに修理に出すことも。

ドームテントの撤収

1 フライシートを雑巾でふく。砂ぼこりや泥汚れのほか、鳥のフンが付いていることも。

2 テントを固定していたペグを抜く。ロープを持って引っ張ると抜きやすい。

3 フライシートをテントから外す。付いている小枝や葉っぱをパタパタと払う。

4 テントを横に倒して底部を干す。ペグで固定しておけば飛んで行かない。

5 湿気を含んでいるフライシートとグランドシートを干す。

6 テントを持ち上げて、中の小さなゴミや砂、虫などを払い落とす。

7 ポールをテント隅の金具から外し、スリーブから抜き取る。

8 テントをたたむ。ポールは真ん中から折りたたんでいく。

9 干しておいたフライシート、ペグと一緒にテントを袋に収納する。

▶ワンポールテントの撤収

1 テントの中に入り、テントを支えていたポールを取り外す。

2 ポールは、中のゴムの伸びがかたよらないように、真ん中から折りたたむ。

3 テントを固定していたペグを引き抜く。ペグは洗って乾かす。

4 フライシートを外す。たたむ前に干しておいたほうがよい。

5 テントをたたむ。こちらもたたむ前に干しておきたい。

6 テントとフライシートを、収納袋の幅より少し小さい幅で、巻くようにしてしまう。

▶ツールームテントの撤収

　撤収手順は基本的にドームテントやワンポールテントと同様。中に吊るされたインナーテントを外して、中のゴミを払う。外側のテントも、家に帰ってから干したり掃除したりするには大き過ぎるので、なるべくキャンプ場できれいにしておきたい。ポールやペグの本数が多いので、しまう前に数をしっかり確かめてから袋に収納しよう。

大型のツールームテントの撤収は、仲間と協力して行うとスムーズ

タープの撤収と手入れ

水気が残らないように注意

　タープは水分をしっかり乾かしてから撤収するのが基本。濡れたままにしておくと生地にカビが生えてしまう。土や鳥のフンなどの汚れは雑巾でふき取っておこう。張り綱は濡れたら乾きにくいので、収納時に、きちんと乾き切っているか確認すること。

　たたむときは、元通りにたたむことにこだわらないのがポイント。つい元通りにたたもうとしてしまうが、そうすると同じ折り目のところがこすれて劣化しやすくなる。逆に元通りの折り目にしないことで、劣化を防げるというメリットがある。大きい布なので、どうしてもふくらんでしまうため、空気を抜きながらたたむようにしよう。

　撤収時にどうしても取れない汚れがあったら、家に帰ってから、水で薄めた中性洗剤をつけた雑巾でふき取ろう。また、撥水性が落ちてきたと感じたら、撥水スプレーをかけておくといいだろう。

ポールの手入れ

　しっかり乾かすのはポールも同様。濡れたままにしておくと傷んでしまう。ジョイント部分の土や砂ぼこりも、雑巾できれいにふいておこう。その際にポール全体をチェックできるというメリットも。

たたみ方に注意

　折り目が固定されないよう、とにかく元通りにしようとはしないこと。四角、さらに四角とたたんでいくのがコツ。できれば、折り目を減らすために巻いて収納を。

ペグの手入れ

土をきちんと落とす

テントやタープを支えるペグは、水洗いして、しっかり乾かしてから収納するのが基本。特に鉄製の鍛造ペグ（→P90）は、土が残っていると、土に含まれる水分と空気中の酸素、ペグの鉄が反応して、酸化鉄、すなわち赤サビが発生してしまう。

赤サビは見た目がよくないだけでなく、ペグ自体がもろくなるし、テントやタープに付着することもある。もし赤サビが発生したら、金属製ブラシや紙やすりなどで削り落とそう。キャンプ場でペグをしっかり水洗いして土を落とし、十分に乾かしておけば、赤サビの発生を抑え、ペグを長持ちさせることができる。

小型のテントなどに付属しているアルミ製のペグは、無理に水洗いする必要はないが、なるべく土は落としてから収納するようにしよう（可能なら、キャンプ場で水洗いをして乾かしたほうがよい）。

きれいに水洗い

ペグを洗うときは、土が残らないように水できれいに洗い流す。特に洗剤をつける必要はない。細かい溝に土が残っていることもあるので、注意しよう。

しっかり乾燥

洗い終わったペグは、太陽が当たる場所で、広げてしっかり乾燥させる。濡れたままペグを収納してしまうと、赤サビが発生する恐れがある。

シュラフの手入れと保管

寝汗をしっかりと乾かす

　人間は睡眠時にコップ1杯分の汗を
かくといわれており、この寝汗を吸っ
たシュラフは想像以上に湿っている。
そこで、朝起きて天気がよければ、木
に張ったロープ（→P93）やハンモッ
クに、シュラフを干そう。テントの上
や、車のフロントガラスやドアにシュ
ラフを引っかけて干す人もいるが、汚
れるのでおすすめしない。

　特にダウン素材のシュラフは、家に

帰ったら収納バッグから取り出して、
通気性のよいコットンなどでできた大
きめの保管バッグに移そう。圧縮した
まま保管すると、ダウンそのものがへ
たりやすくなって量が減り、保温性が
低下してしまうからだ。一方、化繊の
シュラフは、圧縮して収納袋に入れた
まま保管しても大きな問題はない。汚
れた場合は、洗濯表示を確認して手洗
いするか、クリーニングに出そう。

起きたらすぐ干す

　チェックアウトの朝は、起
きたらすぐにシュラフを干そ
う。特にダウン素材のシュラ
フは、吸い込んだ寝汗が完全
に乾燥するまでに、相当の時
間がかかる。

収納バッグから出して保管

　ダウン素材のシュラフを収
納バッグに入れっぱなしにす
るのはNG。圧縮したままで
は、ダウンがへたりやすくな
り、保温性が下がる。必ず大
きめのバッグで保管を。

マットの手入れと収納

濡れと穴開きの有無をチェック

シュラフの下に敷くマットも、場合によっては結露で濡れてしまっていることがある。そんなときはシュラフ同様、朝起きたら乾かす必要がある。

空気を入れて使用するエアー注入式マット（→P54）やインフレータブルマット（→P55）は、収納時に穴が開いていないかもチェックしよう。もし穴があれば、リペアキットで修理しなければならない。

エアー注入式マットとクローズドセルマット（→P54）のいいとこ取りをしたインフレータブルマットは、穴が開いてもある程度は使える優れものだが、弱点は収納。空気を抜こうとしてもなかなか抜けず、コンパクトに収めるのが難しい。また、バルブに口で空気を送り込む場合、中に湿気が残ってしまうこともある。バルブを開けて広げた状態で干すのがベストだ。

水分をふき取って乾かす

マットにとっても湿気は大敵。底が結露で濡れてしまっている場合は、まず雑巾でふき取り、シュラフと一緒に太陽の下で干す。

空気をしっかり抜く

マット中に空気が残っていると、そこに含まれる湿気がカビの原因となる。カビを防ぐためには、中の空気をしっかりと抜いておくことが大切。

テーブル＆チェアの手入れ

汚れはしっかりケア

食事や飲み物をこぼしたり、砂ぼこりをかぶったりと、テーブルは思っている以上に汚れが付くアイテム。特に油汚れは早めに落とさないと固まってしまい、時間が経てば経つほど取りにくくなる。また、溝や隙間に汚れが入り込んでいる場合もある。テーブルの天板は、アルコールスプレーを吹きかけて、ふきん・雑巾でふこう。脚の部分は水ぶきで。特に地面と接する部分は、土をしっかり落としておこう。

チェアは、通常であれば砂ぼこりをかぶっている程度なので、座面や脚を濡れ雑巾でふくだけでOK。テーブルと同様、土や砂はきれいにしておこう。特に、フレームを継ぐタイプのチェアは、ジョイント部分に砂や土が入り込んだままにならないように注意。水ぶきしたら、しっかりと乾燥させてから収納すること。そうしないと、次に使うときにカビが生えていたり、生地の劣化につながったりする。

水ぶき＋アルコールスプレー

テーブル＆チェアの手入れは、基本的に水ぶきすればよいが、テーブル天板の汚れは、アルコールスプレーを使ってきれいにしよう。

土をしっかり落とす

テーブルやチェアの脚の先端部分は、地面と接するので、しっかり水ぶきして土が残らないようにしよう。特にジョイント部分はていねいに。

バーナーの手入れ

油汚れをきれいに落とす

料理に使うバーナーは、油や調味料が飛び散るなど、どうしても汚れてしまうもの。そのまま放置するとカビやサビが発生してしまうので、必ずキャンプ場できれいにしておこう。油汚れは水ぶきでは落ち切らないので、アルコールスプレーを吹きかけて、キッチンペーパーでふき取ろう。

手入れの際や保管時は、ガス缶は必ず外しておくこと。そのとき、直射日光が当たって温度が上がるような場所にガス缶を置くのはNG。日陰で気温が上がらない場所に置いておこう。これはキャンプ中も同様だ。

ガス缶を外してから手入れ

手入れはガス缶を外してから。外したガス缶には必ずキャップをかぶせておこう（キャップの紛失に注意）。

アルコールスプレーで汚れ落とし

食材や調味料・油などの汚れは落ちにくいものだが、アルコールスプレーを使えばきれいになる。

パーツは分解してきれいに

簡単に外せるパーツは取り外してからそれぞれきれいにしよう。細かいところまでていねいにふいて、次回に備えよう。

食器&クッカー／クーラーボックスの手入れ

キャンプ場で乾燥までしっかりと

食器やクッカーは、できる限りキャンプ場で洗ってきれいにしておこう。洗った後は水気をふき取り、乾燥させてから片付ける。特に木製の皿やカトラリーは、しっかり乾燥させておかないとカビが生えてしまう。どうしても落ちない汚れは、家に帰ってからていねいに洗うようにしよう。

なお、キャンプ場では、環境に配慮して、天然由来の成分でつくられたエコ洗剤を使うようにしよう。炊事場に

設置しているキャンプ場もあるが、念のため持参すると安心だ。

また、クーラーボックスは、食材から出た水分やクズなどが中に残っているので、これらをきれいにする。水を捨ててから、アルコールスプレーを吹きかけて、ふきんやキッチンペーパーでふき取ろう。それから天日干しして中をしっかりと乾燥させる。汚れがひどい場合や、においが気になる場合は、中性洗剤で洗うとよい。

しっかり洗浄&乾燥

食器やクッカー、クーラーボックスは、帰宅後そのまま保管できるように、きれいに洗ってしっかり乾燥させておこう。同時に破損がないかもチェックしておく。

細かい部分まできれいに

クーラーボックスは、内部や外側だけでなく、カビや雑菌を防ぐために、隙間など細かいところまできれいに掃除しておこう。

「シーズニング」とは、赤サビが付きやすい鉄製の鍋など（スキレットやダッチオーブン）に油をなじませて油膜をつくり、赤サビを防ぎ、焦げ付きにくくする方法のこと。定期的にシーズニングを行うと、鉄くささが軽減され、スキレットやダッチオーブンを長く使うことができる。

このように手入れして、スキレットやダッチオーブンを「育てる」のも、キャンプの楽しみのひとつ。愛着も増していくだろう。

シーズニングの手順　※スキレットの例

① 使用後のスキレットにお湯をかける。

② たわしで汚れを落とす。洗剤はNG。

③ すすいだ後、スキレットを火にかけて、水分を完全に飛ばす。

④ キッチンペーパーにオリーブオイルを含ませる。

⑤ 温度が人肌程度になったら、オイルを全体に薄く塗っていく。裏側も同様に。

⑥ ふたの表・裏にもオイルを塗ったら、完了。

小屋泊で
快適キャンプ

　キャンプの手始めに、小屋泊はいかがでしょうか？「小屋」といっても、壁面と屋根が布でできている半テント状のものから、ログハウス風で内装はシンプルなもの、別荘のように、お風呂やトイレにリビングルーム、プロジェクターの装備もあるようなものまで、さまざまなバリエーションがあります。最近では、ペットも一緒に楽しめてつくりもきれいなところなども増え始めています。

　小屋泊のメリットは、第一に、雨や強い風の日でも、小屋内に入れば必ずドライで安全な場所が確保されていること。ほかに、小屋を拠点にして食事だけをアウトドアで楽しんだり、就寝時や悪天候時だけ快適な小屋を活用したりするなど、自然との関わり度を自由自在に調整できることです。

　「小屋泊はキャンプじゃないのでは」というちょっとネガティブな意見もありますが、小屋泊も立派なキャンプです。さまざまなバリエーションの小屋に泊まりながら、キャンプの楽しいことだけを存分に味わい、「また行きたい！」と思ったなら、テント泊はすぐそこです。布一枚を隔てた外が自然という、よりダイレクトに自然を感じられる体験はさらに特別ですよ。

小屋泊からテント泊へと、徐々に宿泊方法を変えていくのもおすすめ

Chapter 4

キャンプごはんを
つくろう！

キャンプでおいしいごはんを楽しむために、ごはんの炊き方や炭の
おこし方などの基礎知識に加えて、本書の監修者・長谷部雅一オ
リジナルのキャンプごはんレシピを紹介。ぜひつくってみよう。

キャンプごはんの心得

おいしいごはんはキャンプのお楽しみ！ 手間をかけ過ぎず、
スムーズに準備ができるように、キャンプ料理のコツを押さえておこう。

キャンプごはんのポイント

事前にメニューを決め、手間をかけ過ぎない

行き当たりばったりでキャンプごはんをつくると、足りない食材・調味料があったり、料理の段取りや時間配分がうまくいかなかったりする。事前にキャンプ中の食事メニューを決めておくと、買い出しもスムーズだ。

また、せっかくキャンプに来たのだからと、張り切って豪華で難易度の高い料理に挑戦したくなるかもしれないが、キャンプ初心者のうちは無理し過ぎないようにしよう。慣れないテントの設営だけでも大変なので、さらに料理にも時間をかけ過ぎると、楽しむ余裕がなくなってしまう。キャンプに慣れるまでは、あまり手間のかからない料理がおすすめだ。

調理工程も楽しみのひとつ。時短のために、食材は事前に自宅でカットしてきてもよい

焼いたり、蒸したりと、炭火でも焚き火でも使えるスキレットは、ひとつあると重宝する

キャンプごはんのメニュー例（1泊2日の場合）

1泊2日のキャンプの場合、昼頃にチェックインして翌日昼前にチェックアウトすると、食事は3回。それぞれのおすすめメニュー例を紹介しよう。

1日目 昼食　キャンプ場到着後はサイト設営があるので、昼食は簡単なもので。持参したおにぎりやサンドイッチ、インスタントスープなど。

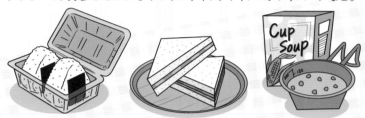

1日目 夕食　仲間と協力して、グリルや煮込み料理など、こだわりのキャンプ料理に挑戦してみよう！ おつまみメニューもあるといい。

2日目 朝食　ハムやチーズをはじめ、いろいろな具材を挟んでホットサンドをつくろう。コーヒー好きなら、豆をひいてハンドドリップで。

129

食材・調味料の運び方のコツ

自宅で下準備した食材は、運搬中につぶれたり液体がこぼれたりしないように、密閉容器に入れたり袋を二重にしたりするなど、万が一ひっくり返っても被害が最小限になるよう梱包を工夫しよう。また、常温保存ができる食品はまとめて、つぶれないよう丈夫な箱に入れて運搬しよう。

1 卵の運搬は専用ケースなら安心

キャンプ時の食材の運搬は、落としたりぶつけたりすることを想定して、特に卵のように割れやすいものは、しっかりと保護しておこう。卵は専用ケースに入れれば割れにくく安心だ。専用ケースがない場合は、必要な個数のところで卵パックをカットし、輪ゴムやテープでしっかり止めて運ぼう。

2 調味料は自宅のものやミニサイズを使う

調味料は、なるべく新しく買わずに自宅にあるものを使おう。大きい容器に入ったものは小分けにするか、ミニサイズのものを用意すると場所をとらない。写真のような小さめの保冷バッグを調味料入れにすると、外気の影響を受けにくく、運びやすいし、調味料がまとまっていて使い勝手がいい。

アイテムの使い方

クーラーボックスの使い方

キャンプで食材や飲み物を保冷するのに役立つクーラーボックス（→P72）。クーラーボックスに食材を詰めるときは、冷気は下に行くことを念頭に置いて、肉など生ものを下部に、保冷剤や氷は上部や側面に置くといい。生野菜は保冷剤に直接触れると傷んでしまうので、配置を工夫しよう。保冷剤と氷を併用し、氷が溶けたら買い足して切らさないようにすること。

1 肉類はクーラーボックスの下部に入れる。

2 なるべく隙間ができないように詰めていく。

3 氷や保冷剤は上部に置く。生野菜が触れないように注意。

▌包丁、ペティナイフの使い分け

キャンプごはんの準備で必要となる包丁やナイフ（→P69）。肉や野菜などの食材を切るには、一般的な三徳包丁があればOK。一方、果物の皮むきや小さな食材のスライスなど、細かい作業に向いているのがペティナイフ。洋包丁の中で刃渡りが80 〜 150㎜のものを指す。また、パンを切るならパン切りナイフも用意しておきたい。

左から、三徳包丁、パン切りナイフ、ペティナイフ

片付け時のポイント

▌効率よく片付け、炊事場はきれいに

キャンプごはんは、片付けるところまでしっかりと。食器を洗う前に食べ残しを処理したり、食器はまとめて炊事場に運んだりと、効率よく片付けたい。共用スペースである炊事場は占拠せず、きれいに使おう。

食器に残ったソースなどは、洗う前にまずふき取る。パンがあれば、つけて食べよう

それでもまだ汚れが残っていたら、キッチンペーパーできれいにふき取る

食器やカトラリーは、コンテナのふたなどにのせてまとめて運搬すると効率がよい

炊事場の排水口にたまった生ゴミは、野生動物に荒らされないためにも、きれいに片付けよう

キャンプごはんに挑戦しよう!

キャンプごはんのポイントを押さえたら、実際につくってみよう! ごはんの炊き方、炭のおこし方に加え、さまざまなキャンプごはんのレシピを紹介する。

※P138〜各レシピに記載しているアイコンは、左から順に「料理のタイプ・区分」「メインの食材」「使用するおもな調理器具」を示しています。

※調理時間はあくまでも目安です。使用するバーナーの火力などによって変わりますので、調理の際は様子を見ながら調整してください。

キャンプごはんの基本

まずは、キャンプごはんの基本となる、ごはんの炊き方をマスターしよう。
バーベキューを楽しむなら、炭のおこし方も押さえておきたい。

ごはんを炊く

鍋でおいしいごはんを炊くには？

キャンプでも、おいしい白ごはんが食べられるとうれしい。家では炊飯器でごはんを炊くという人が多いだろうが、キャンプ場では火を使って鍋などで炊くので、勝手が違う。

鍋でおいしいごはんを炊くポイントは、吹くまでは強火、吹いたら中〜弱火にすること。火にかけている間は目を離さず、鍋底全体に火が当たるように適宜鍋の位置を変えて、まんべんなく米に火を通すことが大事だ。火から下ろしたらしっかり蒸らそう。

ごはんを炊くのに失敗してしまっても、チャーハンやリゾット、雑炊などにアレンジできる

おいしいごはんの炊き方

1 鍋に米とたっぷりの水を入れてから、水を捨てる。

2 水を少し加えて米をとぎ、水を捨てる。

3 水が透明に近くなるまで、2を何回か繰り返す。

4 米の1.2〜1.3倍の量の水を入れ、30〜40分浸水させたら、強火にかける。

5 吹いたら中〜弱火にして、さらに10分ほど炊く。

> 石は
> 吹きこぼれ
> 防止のため

6 炊き上がったら火から下ろし、10〜15分蒸らす。

7 蒸らし終わったら、軽くほぐして器に盛る。

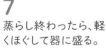

> ふっくら
> おいしく
> 炊けました！

炭をおこす

バーベキューに欠かせない炭火

　仲間や家族とのキャンプでは、バーベキューをしたいという人も多いのでは。バーベキューでまず必要なのは、炭おこしだ。炭の種類を押さえ、ガストーチを使った簡単な炭のおこし方をマスターしよう。炭火で焼いた肉や野菜はほんとうにおいしい！　炭を使いこなせるようになれば、ワンランク上のキャンプごはんを楽しめるだろう。

炭をダッチオーブンのふたの上にのせれば、上からも加熱することができる（→P141）

炭の種類

着火成形炭

炭の粉などを圧縮成形したものに着火剤を混ぜた炭。安価で、着火しやすいが、着火剤のにおいが食材に移ることがある。ダッチオーブンに最適。

切炭

クヌギやナラなどの木をそのまま炭化させて切り出した炭。火付きがよく、火力もコントロールしやすいので、使い勝手がよい。

備長炭

カシなどのかたい木を炭にしたもの。煙やにおいが少なく、火持ちがよいため、プロの料理人も使う。着火しにくいので、初心者には不向き。

炭のおこし方

1 熱と火は上に行くので、炭は上に高く積み上げる。空気の通り道をつくっておくと火が回りやすい。

2 積み上げた炭の下のほうをめがけてガストーチの火を当て、内側から火が回るようにする。

3 火が付き、炭全体に熱が回ったら、炭を広げる。炭の置き方によって火力（強・中・弱）を調整することができる。

炭を消すには

火消し壺（炭壺）に炭を入れてふたをすれば、酸素がなくなり鎮火する

炭を消すには、水に炭を浸けておくか、火消し壺（炭壺）に炭を入れて、壺内を酸欠状態にして消火する。後者なら炭を再利用することができる。

137

長谷部流
タンドリーチキン

スパイスの香りが食欲をそそる!

メインディッシュ　鶏肉　スキレット

材料(4人分)

鶏もも肉	2枚(600g程度)
オリーブオイル	適量

【漬け込みダレ】

無糖ヨーグルト	200g
レモン果汁	大さじ2
塩	小さじ1
おろしニンニク(チューブ)	6cm程度
カレー粉	大さじ2
ケチャップ	大さじ2
おろしショウガ(チューブ)	3cm程度
すりおろしタマネギ	中1/4個分

POINT

しっかり漬け込むと鶏肉が
やわらかくなる。漬け込
みは自宅でやっておこう。

つくり方

1 ジッパー付きビニール袋に漬け込みダレの材料をすべて入れてよく混ぜ、漬け込みダレをつくる。

2 鶏もも肉の両面に、フォークなどで穴をたくさんあける。

3 鶏もも肉をつけ込みダレの袋に入れてよくもみ込み、袋の空気を抜いて、3時間〜ひと晩冷蔵する。

4 熱したスキレットにオリーブオイルを薄く引き、鶏もも肉を皮面から焼く。中火にして、ふたをする。

5 漬け込みダレをかけながら、鶏のもも肉の両面をしっかりと焼き、中まで火が通ったら完成。切り分けて食べる。

シュバイネハクセ

メイン
ディッシュ　　豚肉　　ダッチ
オーブン

見た目も
味も豪快な
ドイツの肉料理

材料（4人分）

皮付き豚すね肉	1本（600g〜1kg）
ニンジン	1本
セロリ	1/2本
タマネギ	中1個
塩	適宜
粗挽きコショウ	適宜
ザワークラウト（瓶入り）	適量
ピクルス	適量

つくり方

1 煮くずれを防ぐため、豚肉をたこ糸などで強めに縛って形を整える。

2 ニンジン、におい消し用のセロリとタマネギを適当な大きさに切る。大きめでOK。

3 豚肉と野菜をダッチオーブンに入れ、材料がかぶるくらいの量の水を入れる。

4 強火にかけ、ぐつぐつしてきたら、豚肉がやわらかくなるように、中〜弱火で1時間ほどゆでる。肉の中心温度が最低でも70度以上になるようにする。

5 豚肉を縛っていた糸を、はさみで切って外す。

6 ダッチオーブンの水分をふき取り、底網を敷いて豚肉をのせ、ふたをして30分ほど焼く。炭をおこしていれば、ダッチオーブンのふたにのせて、上からも加熱するとよい。

7 豚肉全体に焼き色が付いたら、皿にザワークラウトを盛り、豚肉をのせて、ピクルスと最初にゆでたニンジンを添える。塩、コショウを振って味を調え、豚肉にナイフを立てて完成！切り分けて食べる。

POINT

皮付き豚すね肉は、ネットショップで注文するか、精肉店にリクエストしよう。

本気のステーキ

じっくりていねいに
焼き上げる

メイン
ディッシュ　牛肉　スキレット

材料(4人分)

ステーキ用牛肉(サーロインなど)
　　　　　　 250〜300g(厚さ2〜3cm)
タマネギ ……………………… 中1/2個
オリーブオイル ……………………… 適量
塩 ………………………………………… 適宜
コショウ ……………………………… 適宜

【ソース】
醤油 ………………………………… 大さじ4
酢 …………………………………… 大さじ1
ハチミツ …………………………………… 少々
おろしニンニク(チューブ) ……… 2〜3cm

つくり方

1 肉の中が冷たいと中心部が焼けにくいので、まず肉を常温にもどす。

2 ソースの材料をシェラカップなどにすべて入れてよく混ぜ、1時間ほどおいて味をなじませる。

3 タマネギを、芯を少し残してくし切りにする。

4 肉の縮みを少なくするために、赤身と脂身の間の部分を切る（＝筋切り）。

5 肉の両面にオリーブオイル、塩、コショウをもみ込んで、10分程度おく。

6 熱したスキレットにオリーブオイルを引き、肉とタマネギを入れてふたをし、弱火で3〜5分蒸し焼きにする。

7 肉をひっくり返して6と同様に3〜5分焼く。このタイミングで肉の内部温度が65度くらいになるとベスト。

8 スキレットから肉とタマネギを取り出し、肉をアルミホイルに包んで7分ほど休ませる。スキレットは一度きれいにふく。

9 スキレットにオリーブオイルを引いて熱し、強火でさっと肉の表面を焼いたら完成！（焼き過ぎに注意）同時にタマネギも少し温める。肉は切り分けて食べる。

POINT

蒸し焼きにする際は、スキレットの底全体に火が当たるようにすること。

大人のナポリタン

おつまみにもなる！
贅沢具材のパスタ

材料（4人分）

スパゲティ	400g	塩	適量
（太さ1.8～2.0㎜のもの）		粗挽きコショウ	適宜
タマネギ	中2/3個	┌ ケチャップ	大さじ4
ピーマン	中2個	A ウスターソース	大さじ3
マッシュルーム	6個	└ 生クリーム	大さじ1
ブロックベーコン	180g	バター	20g
ニンニク	1かけ	パセリ	1房
オリーブオイル	大さじ1.5	パルメザンチーズ	適宜

つくり方

1 鍋にたっぷりのお湯をわかす。お湯に対して1%程度の量の塩を加え、スパゲティを袋に表示された時間よりも少し短めにゆでる。

2 スパゲティをゆでている間に、タマネギを繊維に沿って薄切りに、ピーマンは繊維を断つように3㎜ほどの細切りに、マッシュルームは薄切り、ベーコンは1㎝角程度の拍子木切り、ニンニクはみじん切りにする。

3 スパゲティがゆで上がったら水気を切り、鍋に移してオリーブオイル（分量外）を回しかけて混ぜ、粗熱を取る。このひと手間をかけることで、スパゲティがもちもちの食感になる。

4 スキレットにオリーブオイルを引いて熱し、まずニンニクを入れ、2の具材を中火でじっくり炒める。

5 タマネギに少しシャキッとした食感が残る程度まで具材を炒めたら、塩・コショウを振り、パルメザンチーズを少々加える。

6 具材をスキレットの端に寄せ、空いているところにAを入れ、しっかりと熱したらバターを加えて混ぜる。

7 スパゲティを加え、ソースを絡める。このとき、少し焦げ目が付くように火入れをする。

8 塩・コショウで味を調え、皿に盛り、刻んだパセリとパルメザンチーズをかけて完成。お好みでタバスコをかけてもよい。

POINT

野菜はスパゲティの太さよりもやや太めに切る。コショウはやや多めがおすすめ。

キャベツがおいしい ハムサンド

たっぷりのキャベツを
ふんわり蒸し焼きに

ホット
サンド ・ キャベツ ・ ホット
サンド
クッカー

材料

食パン
……… 8〜10枚切りを2枚
キャベツ ……… 1/4個以上
ハム ……………………… 2枚
スライスチーズ
（とろけるタイプ）…… 1枚
マヨネーズ ……………… 適量
中濃ソース ……………… 適量

POINT

食パンの端までしっかり
焼けるよう、火を当てる
位置を変えながら焼く。

つくり方

1 キャベツを千切りにする。

2 食パンをホットサンドクッカーにのせ、中央を指で軽くへこませる。

3 食パンにハムをのせ、マヨネーズをかけ、キャベツをたっぷりのせて中濃ソースをかけ、スライスチーズをのせる。

4 もう1枚の食パンをのせて、ぎゅっとプレスする。

5 弱火で両面をじっくり焼く。ときどき焼き具合を確認し、焼けたら半分にカットして食べる。

ホットサンド②

HAT（ハム・アボカド・トマト）サンド

材料

食パン 8〜10枚切りを2枚
アボカド 1/2個
ハム 2枚
ミニトマト 4個
　（またはトマト1/4個）
スライスチーズ
　（とろけるタイプ） 1枚
塩 適宜
粗挽きコショウ 適宜

POINT

ハムの代わりにベーコンでもOK。ホットサンドはいろいろな具材を楽しもう！

つくり方

1 アボカドを厚めにスライスし、ミニトマトを半分に切る。（トマトの場合はスライス）

2 ホットサンドクッカーにのせた食パンの中央を指で軽くへこませて、ハム、ミニトマト、アボカドをのせ、塩・コショウを振り、スライスチーズをのせる。

3 もう1枚の食パンをのせてプレスし、弱火で両面をじっくり焼く。焼けたら半分にカットして食べる。

ホットサンド　アボカド　ホットサンドクッカー

断面がカラフルでかわいい！

ホットサンド❸

キューバサンド風

ボリューム満点で
食感もクセになる

材料

バゲット	20cm程度
ピクルス（ホール）	適量
厚切りベーコン	2〜3枚
スライスチーズ（とろけるタイプ）	2枚
粒マスタード	小さじ2
粗挽きコショウ	適宜
バター	10g

つくり方

1 ピクルスを縦にスライスする。量はお好みだが、多めのほうがおいしい。

2 ホットサンドクッカーの幅に合わせて、バゲットをカットする。

3 バゲットに具を挟みやすいよう、横から切り込みを入れる（片側を少し残す）。

4 ホットサンドクッカーでベーコンを焦げ目が付くまで焼く。

5 バゲットを開いて、焼いたベーコン、ピクルス、スライスチーズをのせ、粒マスタードを加え、粗挽きコショウをたっぷり振る。

6 ホットサンドクッカーを温め、両面にバターを溶かす。

7 ホットサンドクッカーでバゲットを強めにプレスする。

8 ときどき焼き具合を見ながら、両面に強めの焦げ目が付くまで焼く。

9 ちょうどよい焼き具合になったら完成。適宜カットして食べる。

POINT

強めにプレスして、たっぷりのバターで表面をカリッと仕上げよう。

セゴビア地方風マッシュルーム

ニンニクの
うま味が
たまらない!

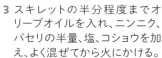
おつまみ / マッシュルーム / ミニスキレット

材料(4人分)

ホワイトマッシュルーム
　　　　　　　　　8〜10個
ニンニク ─────── 2〜3かけ
パセリ ──────── 5〜6房
塩 ───────────── 適宜
コショウ ──────── 適宜
オリーブオイル ───── 適量
バゲット ── 5カット分程度

つくり方

1 マッシュルームを軸ごと半分に切る。ニンニクとパセリは細かく刻む。

2 バゲットを適度な厚さにカットして、網の上で両面を軽く焼く。

3 スキレットの半分程度までオリーブオイルを入れ、ニンニク、パセリの半量、塩、コショウを加え、よく混ぜてから火にかける。

4 オリーブオイルが温まってきたら、パセリの残りとマッシュルームを入れる。

5 マッシュルームに火が通ったら完成。バゲットと一緒に食べる。

POINT

熱々がおいしいので、火にかけてマッシュルームを足しながらいただこう。

長谷部流 カリーブルスト

材料(4人分)

ソーセージ ……………… 4〜5本
パプリカなど彩り野菜
　　　　　　　　　　　… 適量
ケチャップ ………………… 適量
カレー粉 …………………… 適量
オリーブオイル …………… 適量
ザワークラウト …………… 適量

POINT

そのまま食べてもよい
し、焼いたパンの上に
のせてもおいしい！

つくり方

1 しっかりと熱したスキレットに軽くオリーブオイルを引き、ソーセージを焼く。

2 ソーセージにやや強めに焦げ目を付けたら、キッチンばさみでひと口大にカットし、皿に取り出す。

3 スキレットをきれいにしたら、彩り野菜のパプリカなどを焼き、火が通ったら取り出す。

4 スキレットにソーセージを戻し、ケチャップをたっぷりかけ、ケチャップを少し焦がすように焼く。

5 ケチャップの香りがたったら火を止め、パプリカなどを加え、カレー粉を振りかける。ザワークラウトを添えて一緒に食べる。

おつまみ　ソーセージ　ミニスキレット

ビールに合う！
ドイツの屋台食

丸ごとカマンベール
チーズフォンデュ

仲間と楽しみたい
お手軽フォンデュ

おつまみ カマンベールチーズ ミニスキレット

材料(4人分)

カマンベールチーズ	1個	角切りベーコン	80g程度
バゲット	4cm程度	乾燥パセリ	10g
ブロッコリー	2〜4房	粗挽きコショウ	適宜
ミニトマト	5〜6個	オリーブオイル	適量

つくり方

1 バゲットとブロッコリーをひと口大に切る。

2 オリーブオイルを引いたスキレットを火にかけ、カマンベールチーズを中心に置き、周りにバゲット、野菜、ベーコンを置く。

3 弱火で3分ほど焼いたらカマンベールチーズをひっくり返す。焼き面がふくらんで焦げ目が付いていればOK。周りに置いた具材もひっくり返しながら焼く。

4 さらに3分ほど焼いてカマンベールチーズの表面がやわらかくなったら、チーズの上面をカットしてはがす。

5 カマンベールチーズの上に乾燥パセリとコショウをたっぷり振りかける。

6 スキレットを火にかけたまま、具材をカマンベールチーズにつけて食べる。具材がなくなったら追加で焼く。

POINT

ジャガイモ、ニンジン、エリンギなど、さまざまな具材を試してみよう。

満腹パワフルサラダ

具だくさんで
食べごたえたっぷり！

サラダ　エビ　スキレット

材料（4人分）

ほうれん草	1/2束
ブロックベーコン	150g
むきエビ	150g
アボカド	1個
パプリカ（赤・黄）	各1/2個
オリーブオイル	適量
塩	適宜

コショウ	適宜

【ドレッシング】

無糖ヨーグルト	70g
マヨネーズ	70g
パセリ	2房程度
粗挽きコショウ	適宜

つくり方

1 ほうれん草を適当な大きさにちぎり、水洗いして水を切っておく。ベーコンとアボカドを2cm程度の角切りにし、パプリカは1.5cm角程度にカットする。パセリも刻む。

2 無糖ヨーグルトとマヨネーズを混ぜ、刻んだパセリ、粗挽きコショウを入れてよく混ぜ、ドレッシングをつくる。

3 オリーブオイルを引いて熱したスキレットで、エビとベーコンを炒め、塩・コショウで薄めに味付けする。

4 エビを先に取り出し、ベーコンはしっかり焦げ目を付ける。

5 ほうれん草を皿にふんわりと盛り付けて、ベーコン、パプリカ、エビ、アボカドをのせ、ドレッシングをかけて完成。

POINT

具材の食感を楽しむサラダ。エビは冷凍でもよいが、大きめがおすすめ。

チキンのミルクスープ

ほっこり温まる
やさしい味わい

スープ　牛乳　ダッチ
オーブン

材料(4人分)

牛乳	800mL
鶏もも肉	1枚(400g程度)
タマネギ	中1個
ニンジン	1本
キャベツ	1/4個
固形コンソメ	2個
塩	適宜
コショウ	適宜
乾燥パセリ	適宜
オリーブオイル	適量
バター	10g

POINT

スープは保温容器に入れて
おくと冷めにくい(→ P68)。

つくり方

1 鶏もも肉をひと口大に、タマネギを5mm厚に切る。また、ニンジンを厚さ5mm程度のイチョウ切りにし、キャベツを3cm角程度に切る。

2 ダッチオーブンにオリーブオイルとバターを引き、タマネギと鶏もも肉を炒める。

3 タマネギと鶏もも肉に少し火が通ったら、ニンジンとキャベツを入れて炒める。

4 具材に半分程度火が通ったら、牛乳を加える。牛乳が沸騰しないように注意しながら、なるべくこまめにかき回す。

5 牛乳が温まってきたら、固形コンソメを入れ、塩、コショウで味を調える。

6 鶏肉に完全に火が通ったら火を止め、器に入れ、乾燥パセリを振りかけて完成。

リンゴとチーズの
さわやかハーモニー

アップルのせパイ

材料

冷凍パイシート	1枚
リンゴ	1個
レーズン	大さじ3
シナモンシュガー	適量
スティックシュガー	1本
マスカルポーネチーズ	適量
ミントの葉	適量
バター	10g

つくり方

1 冷凍パイシートが冷たいうちに5×10cm程度にカットし、フォークで穴をあけたら、常温程度にもどす。

2 スキレットを弱火で温め、オーブンシートを敷いてパイシートをのせ、ふたをして、両面に焼き目が付くまで片面5分ずつ焼く。

3 リンゴの皮をむき、1/4に切って芯を取り、3～5mmの厚さにスライスする。

4 スキレットにバターを入れ、バターが溶けてきたら、スライスしたリンゴとレーズンを入れて、しなしなになるまで炒める。

5 シナモンシュガーとスティックシュガーを加え、リンゴがキャラメル色になるまで焦げないように火を通す。

6 焼いたパイシートにマスカルポーネチーズを厚めに塗り、リンゴとレーズンをのせて、ミントの葉を添えたら完成。

POINT

パイシートの焼き加減は随時確認し、サクサク感が出るように焼き上げよう。

4

キャンプごはんの
メニューに困ったら？

キャンプごはんといえば、ダッチオーブンを使ったロースト チキンや、数キログラムのお肉を焚き火でじっくり焼いたもの など、手の込んだ特別な料理が浮かびます。しかし、毎食すべ て豪華なキャンプごはんとなると、準備も調理も予算も想像す るだけでお腹いっぱいになってしまいます……。

キャンプごはんのメニューに困ったときのために、次の2つ のポイントを参考にしてみてください。ひとつ目は「こだわり 料理は1品にして、メニュー構成のバランスをとる」。せっかく キャンプに来たのだから、特別なメニューはつくりたいもの。 でも、すべてのメニューに力を入れ過ぎると、料理だけでキャ ンプが終わってしまいます。初日の昼食はインスタント系にす るなど、メニュー構成に強弱をつけてみましょう。

2つ目は「日常の料理をちょっと特別な外ごはんに」。"特別 な料理"を基準に考えていると、なかなかメニューが決まらな かったり、ときには胃が疲れてしまったりすることもあります。 そこで、目玉焼きにハム、鍋料理など、準備や調理、そして味 にも慣れているメニューに、ちょっと贅沢な食材を取り入れて みるという方法もおすすめです。

いつもより少しいい肉を使ってみるだけで、 キャンプごはんに特別感が出る

Chapter 5

キャンプを
もっと楽しもう！

キャンプの魅力のひとつに焚き火がある。焚き火道具や薪の用意、
火のおこし方など、焚き火を楽しむための基本事項を解説しよう。
また、季節ごとの楽しみや、さまざまな自然遊びも紹介する。

焚き火を楽しむ

焚き火の炎のゆらめきは気持ちを安らげてくれる。火を眺めながら
ぼんやり……。このゆったりとした時間こそ、キャンプならではの楽しみだ。

焚き火の魅力

さまざまな楽しみ方・用途がある

キャンプの魅力に取りつかれた人は、たいていは焚き火が大好きだ。焚き火には、人を惹きつけ、心地よくさせてくれる不思議な魅力がある。何も考えずに揺れる炎を眺める時間は、日常ではなかなか味わうことができない贅沢なひとときだ。

焚き火といっても、ただ薪を燃やせばいいというわけではない。シチュエーションに合わせて、火を扱うのも楽しみのひとつだ。たとえば、寒い夜には火を大きくして暖を取ろう。炎が放出する遠赤外線で、すぐに体が温まってくる。友人や家族との団らんを楽しみたいときは、火力を少し落として中火に。熱過ぎたり、煙がモクモク出ていたりしてはリラックスできない。また、焚き火で料理するなら、燃え上がる炎だと表面だけが焦げてしまうので、炎を上げない「おき火」で。

いずれの場合も、最も大切なのは火を絶やさないことだ。

焚き火を囲んでの団らんタイムは、キャンプの醍醐味。マシュマロを焼くのも楽しい

焚き火の用途

1 暖を取る

真夏以外であれば、大自然の中にあるキャンプ場の夜は予想以上に冷え込む。焚き火の遠赤外線は、体を芯から温めてくれる。濡れた服を乾かすこともできるが、煙のにおいがついたり、火の粉で穴が開いたりすることもあり、おすすめはしない。暖を取るほか、焚き火からは明るさも得られる。

2 料理をする

料理も焚き火の楽しみのひとつ。焚き火料理は、燃え上がる炎ではなく、芯が赤くなった炭火、すなわち「おき火」の状態で行うのが基本で、遠赤外線効果でおいしく仕上がる。ただし、火力調整は焚き火に慣れていないと難しい。まずは、マシュマロを串に刺してあぶってみるところから始めよう。

3 癒やされる

焚き火の炎をぼんやり見ているだけで、なんだか癒やされた気持ちになる。これが焚き火の最大の魅力かもしれない。焚き火の炎には「1/fゆらぎ」（＝小川のせせらぎや木もれ日など自然界にあるリズムのこと）があるといわれる。これが脳内でα波の状態となり、深いリラックス効果をもたらす。

焚き火に適した服装

燃えにくい素材のウェアが基本

焚き火には火の粉がつきもの。火の粉の飛び具合は、薪の乾燥度にもよるが、火の粉自体はどうしても避けられない。化学繊維のウェアだと簡単に穴があくし、場合によっては火が燃え移る危険性もある。焚き火の際は、火に強いコットン、ウール、レザーなどの天然素材のウェアを着用しよう。難燃素材の焚き火用ウェアもある。袖口は耐熱耐火グローブでカバーすること。

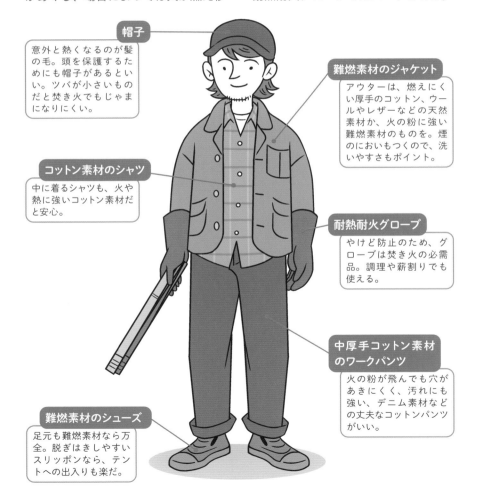

帽子
意外と熱くなるのが髪の毛。頭を保護するためにも帽子があるといい。ツバが小さいものだと焚き火でもじゃまになりにくい。

難燃素材のジャケット
アウターは、燃えにくい厚手のコットン、ウールやレザーなどの天然素材か、火の粉に強い難燃素材のものを。煙のにおいもつくので、洗いやすさもポイント。

コットン素材のシャツ
中に着るシャツも、火や熱に強いコットン素材だと安心。

耐熱耐火グローブ
やけど防止のため、グローブは焚き火の必需品。調理や薪割りでも使える。

中厚手コットン素材のワークパンツ
火の粉が飛んでも穴があきにくく、汚れにも強い、デニム素材などの丈夫なコットンパンツがいい。

難燃素材のシューズ
足元も難燃素材なら万全。脱ぎはきしやすいスリッポンなら、テントへの出入りも楽だ。

焚き火の道具

焚き火をするには、薪と火があればいいというわけではない。
これだけは用意しておきたいという焚き火の道具を紹介していこう。

焚き火台

焚き火台の準備は必須

地面へのダメージや草地の劣化、後始末をしない人の増加などの理由で、地面の上で直接焚き火をする「直火」が禁止されているキャンプ場が多い。

焚き火台を用意しておこう。焚き火台はうまくデザインされているので、直火よりも簡単で、初心者でも失敗が少ない。終わった後の灰の始末も楽だ。

浅型

焚き火台にはいろいろな種類があるが、おすすめは丸い浅型で火床がフラットなもの。木を組みやすいし、薪をくべるのも楽。何より火が隠れないので、じっくり火と向き合えるのがメリット。デメリットは火の粉が飛びやすいこと。

コンパクト型

荷物を減らしたい人やソロキャンパーにおすすめなのがコンパクト型。軽量で携行性が高いのが最大のメリット。ひとりまたは少人数なら、これでも十分焚き火を楽しめる。薪のくべやすさや掃除のしやすさを考慮して選ぼう。

その他の焚き火道具

薪の準備から火を消すまでが焚き火

薪を割ったり、火を付けたり、火を調整したり、火を消したり……。安全かつ快適に焚き火をするにあたり、焚き火台のほかにも以下のようなアイテムをそろえる必要がある。自分に合った使い勝手のよいものを選びたい。

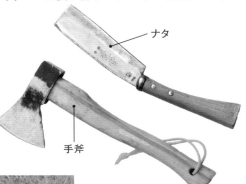

ナタ

手斧

ナタ、手斧

薪を割るときに使用する。ナタには片刃と両刃があるが、初心者には両刃がおすすめ。手斧は両手で扱うことを基本とした、柄の頭に重たい刃物が付いたもの。普通のキャンプなら、どちらかがあれば十分だ。

キンドリングクラッカー

安全リングの中に薪をセットして、たたいて割る薪割り器。ナタや手斧よりも簡単かつ安全に薪を割ることができる。
（使い方はP167）

焚き火シート

焚き火台の下に敷く耐火シート。耐熱性の高い素材でできており、焚き火の熱や火の粉などから地面を保護し、自然への影響を最小限に抑える。折りたためばコンパクトに持ち運ぶことができる。

ガストーチ、ライター、マッチ

火おこしのときに必要なもの。ガストーチは、可燃性ガスを使用して、ノズルの先端から瞬間的に炎を噴出させる器具のこと。ガス充填式のほか、カセットを装着するものなどがある。

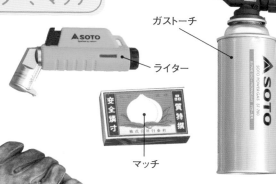

ガストーチ

ライター

マッチ

耐熱耐火グローブ

やけどから手を守るだけでなく、薪割りのときの安全対策にも役立つ。いろいろな素材があるが、耐熱耐火性を考えると革製がおすすめ。ショートタイプだとフィット感もよく着脱しやすい。

火ばさみ

薪や炭を動かすために必要不可欠なのが火ばさみ。燃え盛る炎の中に突っ込むので、ある程度の長さと強度が必要となる。V字型とハサミ型があるが、初心者には写真のようなV字型のほうが扱いやすい。

消火用バケツ

プラスチックや樹脂などの素材があるが、焚き火で使うのは金属製。火に強く、重量があり安定している。サビにくいブリキやステンレス製がおすすめ。同様に使うことができれば代用品でもOK。

薪を用意する

薪は、森で集めるのも楽しいが、現実的には購入するのが一般的。
ホームセンターやアウトドアショップのほか、多くのキャンプ場でも買える。

薪の種類は2種類

薪は大きく分けて2種類ある。燃えやすいが燃え尽きるのも早い針葉樹の薪と、燃えにくいが長い時間燃え続ける広葉樹の薪だ。焚き火では2種類の薪を組み合わせて使う。用意する薪の量は、焚き火台のサイズや焚き火の時間、火力などで大きく変わる。夜に買い足す必要がなく、焚き火が終わる頃に使い切るくらいがベストだ。なるべく乾燥している薪を選んだほうがよい。

キャンプ場の売店でも薪を売っていることが多い

1 針葉樹の薪

スギやヒノキを使った薪。割りやすく、樹皮がはがれやすいのが特徴で、密度が低く軽い。空気や樹脂を多く含むため、火付きがよく燃えやすい。着火用に加え、火が消えかけたときに復活させるのにも役立つ。

2 広葉樹の薪

ナラやクヌギを使った薪。表面がゴツゴツしていて、割りにくく、樹皮がはがれにくいのが特徴。密度が高く重い。かたくて燃えにくいが、長い間燃え続ける。着火用には向かないので、針葉樹の薪が燃えてから投入するとよい。

ナタで薪を割る

たとえ買ってきた薪であっても、そのままでは大きすぎて使えない。ナタ（→P164）でさらに細かく小割りにする必要がある。ケガをする危険性が高いので、グローブを着用すること。特に、利き手の反対の手、つまり薪を持つほうの手はグローブ着用が必須だ。

薪はナタを振り下ろして割るのではなく、ナタを薪に食い込ませて、薪ごと台に当てる要領で割っていく。

1 薪にナタを当てて、数cm持ち上げて軽く台に打ちつけ、ナタを食い込ませる。

2 薪にナタが食い込むと、薪とナタを一緒に振り上げられるようになる。

3 これを台に打ちつけると割れる。一度に割ろうとしないのがコツ。

別の薪で上からたたいて、ナタを薪に食い込ませる方法もある。

キンドリングクラッカーで薪を割る

キンドリングクラッカー（→P164）は、2013年に市販された比較的新しい薪割り器具。ニュージーランドに住む13歳の少女エーラ・ハッチンソンが、薪割りで母親がケガをするのを心配して発明したものだ。

安全リングの中にある刃に薪を当て、上からハンマーでたたくと薪が割れるしくみ。力の弱い子どもでも楽に薪割りができる。

1 安全リングの中の刃に薪を当て、上からハンマーで軽くたたく。

2 何度かたたくと、薪が刃に食い込んでくる。

3 薪が刃に完全に食い込むと、手を離しても大丈夫。

4 上からハンマーでたたくと、見事に薪が割れる。

火をおこす

焚き火道具と薪を準備し、焚き火台を設置したら、いよいよ火おこし。
しかし初心者にはなかなかの難関だ。無理なく着火できる方法を紹介しよう。

まずは焚き火のスペースをつくる

火おこしの前に、焚き火台をどこに設置するか考えよう。焚き火ではどうしても火の粉が飛んでしまう。軽量化を図るためテントやタープは化学繊維でできているものが多いので、火の粉に弱い。穴があくのを避けるために、焚き火台はタープやテントから3mは離れたところに設置したい（→P89）。

焚き火台を設置する候補場所を決めたら、まず周辺に燃えるものがないかを確認する。木の枝や落ち葉などが散らばっている場合は、場所を変えるか、設置前に取り除いておこう。盲点となりがちなのが、焚き火台の上。木の枝が張り出していると、火が燃え移る可能性があるので注意しよう。

焚き火を安全かつ安定して燃やし続けるためには、必ず番をする人が必要だ。その人が焚き火台の正面に座るようにし、利き手側に小割りにした薪と火ばさみ、反対側には、さらに薪が必要になったときに小割りにできるようにナタやグローブを用意しておきたい。また、万が一の延焼などに備えて、水を入れたバケツをすぐ近くに必ず用意しておこう。

焚き火シートの上に焚き火台を設置し、焚き火番をする人が使いやすいように必要な道具を置いておく

新聞紙を使った火のおこし方

いろいろな火のおこし方のうち、ここでは、焚き火の醍醐味が味わえ、着火成功率が高い、新聞紙を使った方法を紹介する。しかし、どんな楽しみ方をしたいかによってやり方は自由。簡単に火が付くガストーチを使ってもよい。

着火して火が安定したら、焚き火を「育てる」感覚で、適度な炎を維持しよう

1 小割りにした針葉樹の薪を、太さごとに3つに分ける。広葉樹の薪も準備。

2 新聞紙をかたく丸めてから広げ、空気を含めるようにオタマジャクシの形にする。

3 新聞紙の上に、針葉樹のいちばん細い薪を円錐形に組んでいく。

4 さらにその上に2番目に細い薪を重ねていく。

5 薪の山ができる。新聞紙のしっぽが出ているのがポイント。

6 薪の山から出ている新聞紙のしっぽに着火する。

7 新聞紙が燃えるのを待つ。途中で火が消えたら再度着火する。

8 火が安定するまでじっと待つ。息を吹きかけたりはしない。

9 火が安定したら、広葉樹の薪を重ねていく。

焚き火の片付け

焚き火を楽しんだら、きちんと後始末をしよう。手間はかかるが、
自然環境やほかのキャンパーへの配慮は、キャンプの基本中の基本だ。

薪は燃やし切って灰捨て場へ

実は、炭は自然に還ることはない。炭素なので、地面にまいても微生物に分解されることはないからだ。ということは、焚き火という行為自体が自然に悪影響を与えているといえるかもしれない。しかし、後始末をきちんとすれば、そのダメージを最小限に抑えることができる。逆にきちんと後始末をしないと、自然破壊を招くことになる。場合によっては山火事につながることも……。実際、キャンプ場でのボヤは毎年発生している。

薪は最後まで燃やし切るのが基本だ。燃え終わりそうで燃え終わらないのが焚き火なので、チェックアウトの2時間前には焚き火が終わるように逆算しよう。灰は土にまかず、必ずキャンプ場の灰捨て場に捨てること。

また、薪が炭になって燃え残っている場合は、火消し壺（炭壺）（→P137）を使う方法もある。炭を入れてふたをすれば、空気が遮断されて完全に消火される。こうして消火した炭は、持ち帰って再利用することもできる。

夜に焚き火をしたら、寝る前までに必ず火を消すこと。「焚き火はなかなか消えない」「鎮火には時間がかかる」ことを念頭に

焚き火の片付けのポイント

1 焚き火に水を かけるのは NG

まだ燃えている焚き火に直接水をかけるのは絶対にNG。高温の水蒸気や灰が飛び散り、やけどをする恐れがある。急激な温度変化により焚き火台が変形する場合もある。

2 焚き火に砂を かけるのも NG

焚き火に砂をかけて埋めようとするのも絶対にNG。消火を確認することができず、周辺の木に火が引火して燃え広がる可能性もある。また、炭は砂の中で分解されることはない。

3 灰になるまで燃やす

薪は炭から完全に灰になるまで燃やし尽くすのが基本。じっと待っているだけではなかなか燃え終わらないので、炭を火ばさみで広げたり、細かくくだいたりすると燃焼が早まる。

4 灰は灰捨て場へ

灰はキャンプ場に設置された灰捨て場に捨てること。捨てた灰に水をかけるところと、水をかけないところがある。灰捨て場が設置されていない場合は、灰を持ち帰るのがマナー。

5 焚き火台を掃除する

焚き火台は、使用直後は熱くなっているので、しばらく時間をおいてから掃除する。灰の付いた皿は水洗いするのではなく、濡れ雑巾で表面をふいて灰を落としたほうがいい。

季節ごとの楽しみ方

自然の中で行うキャンプは、季節ごとにさまざまな楽しみ方がある。
移り変わる季節の中、その時季のキャンプでしか味わえない魅力を見つけよう。

春キャンプの楽しみ

1 お花見

©KIKO / PIXTA

春といえば桜の季節。全国各地には桜が自慢のキャンプ場がたくさんある。明け方の澄んだ空気の中で見る桜や、昼間の真っ青な空に花びらが映える桜、真夜中にライトアップされた夜桜……。朝から晩まで思う存分桜を楽しむことができるのは、春のキャンプならではだ。シーズン中、桜が有名なキャンプ場は混み合うので、早めにサイトの予約を入れるようにしよう。

美しい桜の下でのキャンプは、春の贅沢

2 野草観察

標高の低いキャンプ場であれば、カタクリやニリンソウ、標高の高い山のキャンプ場であれば、チングルマ、ニッコウキスゲ、エゾムラサキなど、春にはさまざまな野草が花を咲かせる。野草図鑑を片手に、花の名前を確かめながら散策するのも楽しい。ただし野草の採取は厳禁。立ち入り禁止エリアなど、ルールを守って楽しもう。

©KAZE / PIXTA

山地の日当たりのよい草原に生えるキスミレ

3 山菜採り

フキノトウ、タラの芽、ゼンマイ、ノビルなど、雪が溶ける3月頃から、春の山では山菜が採れる。採ったばかりの山菜を天ぷらにしたり、炒めたりして、キャンプごはんの一品に加えてはどうだろう。どれが食べられるのかわからないなど不安であれば、キャンプ場で催行している山菜採りツアーに参加してみるといいだろう。なお、採取にはその土地の許可が必要なので注意。

©Tiny Nature / PIXTA

春の味覚、フキノトウ。採れたてをいただきたい

春に注意したいポイント

1 防寒

春のキャンプでは、朝晩は想像以上に冷え込む。特に山間のキャンプ場では、まだ雪が残っているところもある。ダウンジャケットやウインドブレーカーなどのウェアに加え、ブランケット、暖かい飲み物など、寒さに備えておこう。

2 花粉

当然だが山は花粉の多い場所でもある。いくら気候がよくても、花粉症の人にとっては頭の痛い問題だ。スギは2月中旬〜5月、ヒノキは3月中旬〜5月中旬が飛散のピーク（地域により異なる）。マスクや薬を用意しておこう。

夏キャンプの楽しみ

1 高原キャンプ

　暑い夏には高原でのキャンプがおすすめ。標高が100m上がるごとに気温は約0.6度低くなる。たとえば標高1000mのキャンプ場であれば、街なかが35度でもキャンプ場は29度。緑に囲まれているので、さらに涼しく感じるはずだ。高原の朝晩は肌寒いくらいに冷え込むこともあるので、ちょっとした防寒着は持って行ったほうがいい。

©tenjou／PIXTA

標高の高い高原なら、夏のキャンプも涼しくて快適だ

2 水遊び

　川辺や海辺、湖畔のキャンプ場なら、気が向いたときにいつでも水遊びを楽しむことができる。本格的な水遊びをしなくても、手や足を水につけるだけで涼しくなるし、キュウリやスイカを冷やして食べるのも夏らしくていい。

　ただし、川遊びは特に注意が必要。「遊泳禁止」の看板が出ている場所では絶対に川に飛び込んだりしないこと。

hedgehog111 / Shutterstock.com

川のせせらぎを聞いているだけでも涼しい気分になる

SUP（サップ）

west_photo / Shutterstock.com

　ボードに乗って立ったままパドルを漕いで水面を進んで行くSUP。川や海でもできるが、初心者におすすめなのは湖だ。ボードは一見不安定だが、3mほどの長さで思いのほか安定しており、意外と簡単に乗りこなせる。ライフジャケットは着用必須。

3 昆虫観察

キャンプ場がクヌギやコナラの雑木林にあるなら、カブトムシやクワガタムシを観察するチャンス。大人でも、カブトムシやクワガタムシを見つけるとワクワクするものだ。カブトムシもクワガタムシも夜行性なので、夜に懐中電灯を持って探しに行くか、明け方に早起きして探しに行こう。このように夜や早朝ならではの楽しみ方ができるのは、宿泊キャンプのメリットだ。

©工場長 / PIXTA

ノコギリクワガタ。発見するとうれしいものだ

夏に注意したいポイント

1 虫刺され

夏は蚊やブユ、アブなどの虫も活発に動き回る季節。長袖を着て肌の露出を減らすとともに、虫よけスプレーや蚊取り線香を持って行ったほうがいい。特にスズメバチは、刺されると命を落とす危険性もあるので要注意（→P192）。

2 熱中症

直射日光を避け、帽子をかぶり、なるべく木陰やタープの下で休むようにしよう。そしていつもより余計に水分を摂取すること。立ちくらみ、呼吸や脈が速くなる、けいれんなどの症状が現れたら、危険なサインだ（→P196）。

秋キャンプの楽しみ

1 秋の味覚

　実りの秋、食欲の秋。秋はおいしいものが目白押しだ。キャンプでも秋の味覚を楽しみたい。キャンプ場へ行く途中にある道の駅や農産物直売所に立ち寄って、その土地ならではの旬の野菜や果物などを仕入れよう。秋の味覚がキャンプごはんをいっそう充実したものにしてくれるだろう。

KO-TORI / Shutterstock.com

秋はサツマイモやカボチャがおいしい季節だ

2 紅葉

　秋は山が最もきれいな季節。広葉樹の多いキャンプ場であれば、木々が赤や黄色に染まり、紅葉を楽しむことができる。また地面を見れば、落ち葉がじゅうたんのよう。踏みしめながら歩こう。ドングリや松ぼっくりなどが落ちているので、童心に返って木の実拾いをするのも楽しい。

©のんのん / PIXTA

木々が色付いた秋のキャンプ場もまた美しい

キノコ狩り

　秋の森の中にはさまざまなキノコが生えている。キノコ図鑑を見ながら森を歩くのもおもしろい。ただし、食べられるキノコかどうかを素人が判断するのは危険。判断を誤ると食中毒を起こす可能性があるので、キノコ狩りをするなら、必ず慣れた人・詳しい人と一緒に行こう。キャンプ場内でキノコ狩りができるところもある。

3 十五夜キャンプ

大自然の中で大きな空が開けているキャンプ場は、夜空に浮かぶ月を眺める絶好の場所。1年で最も美しいとされている中秋の名月を見に、十五夜に合わせてキャンプをしに行くのはどうだろう。輝く月の下で、秋の虫の音を聞きながら、月見団子に舌鼓を打つのは何とも風流だ。

キャンプ場での月見も秋の楽しみのひとつ

秋に注意したいポイント

1 日没

「秋の日はつるべ落とし」ということわざがあるように、秋は日が暮れるのが早い。日没してすぐに真っ暗になるので、サイト設営はもちろんのこと、食事や焚き火の準備、ライトやランタンの用意も早めに行っておきたい。

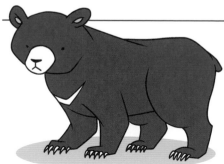

2 クマ

秋は冬眠前のクマがエサとなるドングリを求めて動き回る季節。地域によってはクマが出ることもある。クマは簡単に人間に近寄らないが、キャンパーの食事に引き寄せられることがあるので、残飯や生ゴミの管理は徹底しよう。

冬キャンプの楽しみ

1 雪中キャンプ

冬のキャンプは経験を積まないと難しいので、初心者向けではない。しかし、冬の醍醐味は雪にある。コテージに泊まって、雪洞掘りやかまくらづくりに挑戦してみるのもおもしろい。

キャンプの経験を積み、知識と技術を体得したら、いつか冬のテント泊にもトライしてみよう。

©myconcept / PIXTA

雪中キャンプはハードルが高いので、慣れてから

2 ホットドリンク

冬に恋しくなるのは、やはり温かい飲み物。ホットドリンクは体を芯から温めてくれる。お茶やコーヒーはもちろん、大人のキャンプでは熱燗やホットカクテルといったアルコールも。また、ジュースを湯せんで温めてみてもいい。お湯をわかすときは、暖を取るための焚き火を利用しよう。

Travelershigh / Shutterstock.com

寒い冬のホットドリンクは身も心も温めてくれる

スノーシュー
ハイク

雪山登山は専用の装備と技術が必要となるが、初心者でも気軽に冬山を楽しめるのがスノーシューハイク。ふかふかの雪の上を、スノーシューをはいて歩いて行く。平坦または緩斜面の雪原であれば快適に移動できる。バランスを取るためにトレッキングポールも忘れずに。

3 バードウォッチング

冬の森はバードウォッチングの絶好のチャンス。広葉樹の葉っぱが落ちるため、木にとまった鳥たちの姿が丸見えになるからだ。木々の緑が生い茂る夏ではそうはいかない。また、ハクチョウなど、秋に日本に渡ってきて越冬する「冬鳥」が見られるのも、冬のバードウォッチングならでは。

©K.Kara / PIXTA

かわいらしいエナガ。最も見つけやすい時期は秋～冬

冬に注意したいポイント

1 防寒

冬の大敵は気温の低さに尽きるので、寒さ・低温に対応した装備が必要となる。雪中キャンプでは、雪に対応したウェアやシューズが必須（→P81）。シュラフも、氷点下の寒さにも耐えられるものを選ぶ必要がある。

2 燃料

ガスは低気温下に弱いが、プロパンなどの入った寒冷地仕様のガス缶もあるので、使い分けよう。マイナス10度までなら対応可能だ。イラストのような、寒さに強いホワイトガソリンや灯油が使えるバーナーを持参してもよい。

自然遊びを楽しむ

キャンプの楽しみはほかにもたくさんある。せっかくの機会なので、
普段はなかなか体験できない自然遊びを、思う存分楽しもう。

 釣り

　川や湖、海の近くにあるキャンプ場では釣りを楽しみたい。釣った魚をその場で調理して食べるのも、キャンプの大きな楽しみだ。釣竿などは持参したほうがよいが、キャンプ場によってはレンタルもできる。渓流で鮎などを釣るときは、「遊漁券」の購入が必要。

釣りをする場合は、禁止区域でないか必ず確認しよう

 ハイキング

　キャンプ場からさらに足を延ばして、山や森に分け入るハイキングもおすすめ。美しい山並みや湖など、さらなる絶景に出会えるチャンスだ。ハイキングコースに隣接したキャンプ場もある。なかには難易度が高いルートもあるので、それに合わせた登山靴などの装備品も必要となる。

整備された遊歩道なら、気軽にハイキングが楽しめる

 バードウォッチング

　木々に囲まれ、川や湖の近くにあるキャンプ場は、鳥たちを観察するには絶好の場所。早朝や夕方など、鳥たちが活発に活動する時間に森の中にいられるのもメリットだ。基本的には双眼鏡ひとつあれば楽しめる。ほかに野鳥図鑑があれば、鳥の名前や習性などもわかり、おもしろさはさらに広がる。

4　雲の観察

　空を見上げ、雲を観察するクラウドウォッチング。芝生が広がり、空が開けたキャンプ場は、雲の観察に最適だ。雲は季節によってさまざまな形を見せる。また時間によって、色もさまざまに変化する。気象条件によっては「彩雲」という虹色の雲が見られることもある。自然が生み出す美しい眺めに出会えるのも、キャンプの魅力だ。

©Princess Anmitsu / PIXTA

雲の一部が虹色に色付いた彩雲は、もし見られたらラッキーだ

5　星空観察

　街から離れ、光の少ない大自然の中にあるキャンプ場は、星空を観察するには最高の環境。星空アプリを使って眺めれば、楽しさも倍増する。星がよく見えるのは、月明かりの少ない新月の日。ペルセウス座流星群（8月頃）、ふたご座流星群（12月頃）、しぶんぎ座流星群（1月頃）の三大流星群に合わせてキャンプへ行くのもいい。

©きくさん / PIXTA

キャンプに行ったら、ぜひ夜に星空を見上げよう

至福のハンモック

ハンモックに揺られての昼寝は至福の時間

　2本の木の間に取り付けるハンモック。ゆらゆらした空中ソファは、一度使うとやみつきになる。取り付ける際はしっかりした木を選び、ハンモックの負荷重量も確認しておこう。

　初心者が意外と苦戦するのがハンモックに乗るとき。お尻から乗ろうとするとうまく乗れないので、ハンモックをまたいで、お尻を入れてから足を乗せると、安全に乗ることができる。

5

キャンプで
テントサウナを楽しむ

　サウナといえば、2000年ほどの歴史があるフィンランド式です。フィンランド式のサウナの楽しみ方は、熱々のサウナストーンに水をかけて蒸気を発生させる「ロウリュ」と、「サウナ、クールダウン、外気浴」という流れがポイント。フィンランドでは、日本のようにクールダウン用の水風呂はなく、代わりに近くの川や湖にドボンと飛び込むことが多いです。フィンランド式のサウナを本場と同じように楽しもうと思ったら、セルフ式ロウリュと自然の水に入るという2つが満たされていることが重要なのです。

　そう考えると、自然の中でフィンランド式サウナを楽しむ「テントサウナ」は、実は本場のやり方に近いのかもしれません。自然を活用したクールダウンや外気浴を楽しめるテントサウナは、何ともいえない自然との一体感があり、まさに「ととのう」という新しい世界へ誘ってくれます。

　自分で道具をそろえてテントサウナを準備するのはちょっと大変ですが、サービスとして提供しているキャンプ場もたくさんあります。そういった施設を利用し、キャンプ＋αの楽しみとして、テントサウナを体験してみてはいかがでしょうか。

サウナ好きなら、テントサウナのあるキャンプ場を選ぶのもおもしろいだろう

©もりろん／PIXTA

Chapter 6

安全・快適に 過ごそう！

自然の中で行うキャンプにケガやアクシデントはつきもの。"もしも"
のときに落ち着いて行動できるよう、想定されるケガやトラブルへ
の対処方法や、さまざまなリスクへの対策について学んでおこう。

キャンプでのケガやリスク

キャンプには、ケガや病気をはじめ、さまざまなリスクがともなう。
安心・安全なキャンプのために、ケガやリスクに対する心構えを確認しよう。

▶ 未然に防ぐことが大切

楽しいことがたくさんあるキャンプだが、自然の中で過ごすうえでは、思わぬ事故やケガ、病気など、さまざまなリスクが想定される。ケガやアクシデント後の処置も大事だが、未然に防ぐことが第一だ。

まずは、キャンプ中のどんなときに、どのようなケガやアクシデントが起こりやすいのかを知っておこう。そして、キャンプ道具の正しい選び方や使い方、環境に適した服装などをきちんと学んでおけば、さまざまなリスクの軽減につながり、ケガやアクシデントを未然に防ぐことができる。複数名でキャンプに行くときは、起こりうるリスクと対策を全員で共有しておこう。

▶ キャンプ中の心構え

日常生活では、歩いたり、物を運んだりするくらいでケガをすることは滅多にない。天候や気温の急変があっても、屋内にいれば安全・快適に過ごせる。だが、キャンプ中はそうはいかない。地面は凹凸しているし、夜になればあたりは真っ暗になるし、暑さ・寒さの影響もダイレクトに受ける。イスやテーブルなどのアウトドア用品も、普段使っているものと比べると使い勝手や丈夫さが違ってくる。

あらゆるところにリスクが存在すると心得て、キャンプ中は、普段の1.5倍の注意力をもって行動しよう。

テントやタープの張り綱には足を引っかけやすいので、注意して歩こう

外灯がないキャンプ場は夜になると真っ暗に。移動の際は明かりを持とう

キャンプシーン別のリスク

1 サイトを設営・撤収するとき

地面の凸凹やテントの張り綱に足を取られて転倒しやすい。ペグ打ちの際に手指にケガをしたり、重い荷物を足元に落としてケガを負ったりすることも。作業に没頭しているうちに、熱中症や疲労で体調を崩す場合もある。

2 料理をするとき

食材の管理や加熱が不十分だと、食中毒になる可能性がある。食材は使う直前までクーラーボックスで保冷し、肉や魚は中までしっかり加熱を。調理中は包丁で指を切ったり、火のそばでやけどを負ったりしやすい。

3 焚き火をするとき

薪を割る際に用いるナタや手斧は、使い方を誤ると、切り傷どころでは済まない大きなケガにつながるので、要注意。素手で薪を触り、トゲが刺さることもある。焚き火中は、火の粉によるやけどや火事に注意しよう。

4 その他

虫刺されやかぶれを防ぐ服装を準備し、野生動物への対策としてゴミを放置しないように気を付けよう。また、アクティビティでのリスクは、活動場所や内容によって異なるので、やりたいことに合わせて事前に対策を。

ケガ・病気を予防するには

キャンプ中のさまざまな場面で起こり得るケガや病気。
そのリスクを最小限に抑えるために、"ケガ予防のキホン"を学んでおこう。

活動に適した服装を選ぶ

　慣れない環境下でのさまざまなケガや体調の変化を防ぐ基本的な対策は、シーンに合わせた服装の準備だ。焚き火のときは難燃性のウェアや耐熱耐火グローブ、ハイキングのときは速乾素材のウェアというふうに、活動に適した服装・装備で身を守ろう。

　また、キャンプへ出発する前に現地の天候・気温を調べ、防寒、雨・風対策のウェアもそろえておきたい。少しでも肌寒いと感じたら、早めに着込んで体温の低下を防ごう。雨などで濡れたときのために、着替えは多めに準備しておきたい。

焚き火をする際は、必ず焚き火用の耐熱耐火グローブを着用すること（→P162）

物の配置・レイアウトを工夫する

　キャンプ中にたびたび起こるのが、転倒や物にぶつかることによるケガ。地面の凸凹や足元の荷物、テントの張り綱などにつまずくケースが多く、転んだ拍子に物にぶつかって大ケガをすることもある。

　予防策は、サイト内のレイアウトや物の配置を工夫すること。凹凸のある場所を避けて動線を確保する、動線上に物を置かない、道具類は使用する場所の近くにまとめる、といったことで、転倒のリスクを軽減できる。夜間はさらに念入りに、張り綱などの要注意ポイントをライトで照らしておくと安心。

キッチンまわりも、動線や使い勝手を考えた道具類の配置・レイアウトに（→P106）

道具の安全な使い方をマスターする

　設営時のペグハンマー、料理をするときの包丁、薪割りのナタなど、キャンプではシーンごとにさまざまな道具を用いる。普段使い慣れていない道具もあり、使い方を誤ると、自分だけでなく周りの人にもケガを負わせかねない。各道具の特性や正しい使い方を理解し、経験を積んでいくことが重要だ。

　基本的な心得として、刃先などが進む方向に手指や体を置かない、そばに人を立たせない、暗い場所で使わないことが、ケガを防ぐ大原則。道具を使用するときだけでなく、出し入れや持ち運ぶ際のケガにも注意しよう。

薪割りに用いるナタは、使っていないときは専用のケースに収納しておこう

自然の危険性を認識しておく

　自然の中で過ごすキャンプは、便利で快適な日常生活とは大きく異なる。頭では理解していても、日常から飛び出して一気に自然の世界に入るので、自然の中で過ごすことの危険な側面を忘れがちになる。

　自然の中では、雨や風、急激な気温変化などの自然現象の影響を受けやすく、虫や植物、野生動物との接触も多い。急に雨が降って濡れるかもしれない、風でテントが飛ばされるかもしれない、ハチに刺されるかもしれない、などと、さまざまな事態を想定して対策・準備をしておこう。

山間のキャンプ場では、天気が急変することもあるので要注意だ

pixfly / Shutterstock.com

応急救護

"もしも"のときの対処法を知っていると、安全かつスピーディに行動できる。
ケガ・病気ごとの応急救護の手順を詳しく見ていこう。

ケガや病気が発生したら

あわてず落ち着いて行動する

ケガや病気にどれだけ気を付けていても、まさかの事態は起こり得る。そんなとき、気が動転して何もできなかったり、むやみに動き回ったりすると、さらに事態を悪化させてしまう。そうならないために、"もしも"のときの対処方法をしっかり学んでおこう。

どんな場面でも、まずは動揺を抑えて、気持ちを落ち着けることが大切。

次に、今いる場所が安全かどうかを確認し、もしもその場所が安全でない場合は、危険要素を取り除く、もしくは安全な場所へ移動しよう。

続いて、ケガの程度や身体の状態を確認し、ケガの種類や病状に応じた処置に取りかかろう。処置に遅れが出ないよう、救急セットはサイト内の目立つところに置いておくことが大事だ。

ケガ・病気発生時の対応フロー

ケガや病気が発生！

❶心を落ち着かせる
深呼吸をして、周りを見て、心を落ち着かせてから行動しよう。

❷安全を確保する
周りの人を病気やケガに巻き込まないよう、その場所が安全かどうか以下の項目をチェック。安全でない場合は、危険要素を取り除くか、安全な場所へ移動する。
●物：刃物や火器、転びやすい物の配置など
●天候・災害：雨、風、雷、地震など
●環境：明るさ、川の増水、倒木の恐れ、一酸化炭素中毒の可能性など
●見えないもの：ガスや液体など

❸ケガや病気の状態を確認する
傷口の大きさ、痛みのある部位、皮膚の色、呼吸や意識の状態など、ケガや病気の様子を全体的に見ていく。

❹最善の処置・対処をする
ケガや病気の状態に応じて応急処置に入る。尋常でない状態なら、すぐに救急車を呼ぶか医師の診断を受ける。

❺経過を観察する
処置後しばらくしてから症状が悪化する場合もあるので、必ず経過観察を行う。変化があれば早めの対応を。

できる限り自分たちで対処する

キャンプ中のケガや病気は自己解決が基本。「自分の身は自分で守る」という心構えで、ケガや病気を未然に防ぐための準備をし、"もしも"の場合もできるだけ自分たちで対処しよう。

ケガも病気も早めの対処が肝心なので、周りに気を使って痛みや不調をがまんしないこと。無理をして症状が悪化してしまうと、キャンプを中止せざるを得なくなり、かえって周りに迷惑をかけることになる。また、手助けが必要なときは、現在の状態と要望を的確に伝えることも大切だ。

自分たちだけでは判断がつかない、人手が足りないなど、どうしても困ったときは、キャンプ場のスタッフに相談しよう。

緊急時はキャンプ場と連携

呼吸がない、意識がない、尋常ではない出血、程度がひどいやけど、発熱やけいれんなど、普段の様子とは明らかに異なる状態の場合は、ただちにキャンプ場に報告し、救急車を呼んでもらおう。自分たちだけで対応するよりも、ケガ人・病人の正確な位置を伝えられたり、対応が早かったりすると、周りに迷惑をかけずにスムーズに救急隊へ引き継げる。また、必要に応じてAED（自動体外式除細動器）を持って来てもらうなど、手分けして処置に当たることもできる。

救急車を呼ぶほどではないが、

病院で処置したほうがよさそうなときは、自分たちの車で病院に搬送してもよいだろう。その際、ドライバーはあわてずに、くれぐれも安全運転を。

切り傷・すり傷

傷口の「洗浄」と「保護」が大切！

設営や撤収、食事の準備、自然遊びなど、いろいろな場面で発生する切り傷やすり傷。基本的に大きな事態になることは少ないが、「感染や化膿を防ぐ ために清潔を保つ」「傷口を保護する」、この2つを守って経過を見よう。傷口が深いなど、医師の処置が必要な場合は傷口を保護して早めに病院へ。

1 傷口を清潔にする

清潔な流水で傷口をきれいに洗う。小石や小枝などの異物が入っている場合は、水圧を利用して洗い流すか、ピンセットなどを用いて異物をすべて取り除くこと。

2 出血を抑える

出血がある場合は、清潔なガーゼなどで傷口を押さえて、出血を抑える。ほとんど出血していない場合は、傷口を清潔にした後に、3の処置を行う。

3 傷口をカバーする

清潔なガーゼや絆創膏などで傷口を覆う。傷口が大きい場合は、ガーゼなどを並べて保護を。傷口が痛む場合はアイスパックなどを当て、傷口が濡れないように冷やすと痛みが和らぐ。

トゲが刺さった

トゲの除去はなるべく早めに

植物のトゲや薪のささくれが皮膚の表面に入り込んでしまうことはよく起こる。グローブを着用していれば大体防げるが、もし刺さったら、炎症や感染症などの恐れがあるため、なるべく早く取り除こう。トゲの一部しか取り除けない、深く刺さっているなどの場合は、病院で取り除いてもらおう。

1 トゲを抜く

トゲの端が出ている場合は、清潔な状態の毛抜きなどでつまみ、トゲが刺さった角度に沿って、まっすぐ引き抜く。抜きにくい場合は、清潔な針や安全ピンでトゲの周りの皮膚を広げてから抜くといい。ただし無理は禁物。

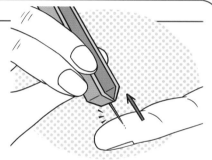

2 止血をする

傷口の洗浄後、トゲを抜いた場所から出血する場合がある。その際は、ガーゼなどで傷口をピンポイントで押さえて血が止まるのを待つ。出血がないようなら、3の処置を行う。

3 傷口を保護する

清潔なガーゼや絆創膏などでしっかりと傷口を覆う。ガーゼなどが濡れたり汚れたりした場合は、早めに取り替えよう。

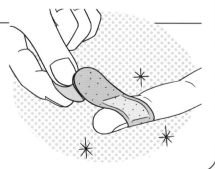

ハチに刺された

ミッバチなら自己処置が可能

キャンプ中の虫刺されは、大半が蚊によるもの。しかし、蚊に比べると確率は低いが、ハチに刺される場合もある。もしもスズメバチに刺されたら、すぐに病院へ。ミツバチは命に関わる危険は少ないものの、皮膚に残った針に毒の袋（＝毒のう）が付いているため、これを早めに取り除く必要がある。

1 針を取り除く

皮膚に針が残っていたら、手指で払うか、毒のうをつぶさないように抜くなどして、素早く取り除く。

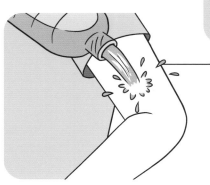

2 傷口を洗浄して保護する

傷口を清潔な水で洗い、ガーゼや絆創膏などで保護する。血が出た場合は止血をしてから傷口の保護を。

3 経過を観察する

腫れがひどくなったり、全身にいつもと違う症状が出たりしていないか、しばらくの間注意しておく。異常が出た場合は、早めに病院で処置を。

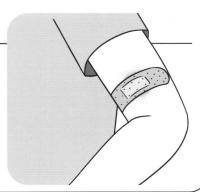

目に異物が入った

異物の除去は流水で

　小さな虫や木くずなどの異物が目に入ると、ときには痛みを感じ、炎症が起きて目が充血する場合がある。最初に気を付けるのは、決して目をこすらないこと。目をこすると、簡単な処置で済むような症状でも、眼球を傷つけてしまうなど、さらに危険な状態に陥る恐れがある。まばたきを何回かしても涙ですぐに異物が流れない場合は、右の手順で取り除こう。

まず、鏡を使って異物が入った目の状態を確認。指などで無理に取り除こうとせず、流水で異物を洗い流そう。水で流す際は、異物が入った目のほうを下にすること。

爪が割れた・欠けた

爪を整えて悪化を防ぐ

　キャンプ中は手指を使う場面が多く、何かに指をぶつけて爪が割れたり欠けたりするトラブルが起きやすい。出血していないからといってそのまま放置すると、割れた部分が衣服などに引っかかって傷口が広がる場合もある。
　爪が割れたり欠けたりしたら、爪切りで割れた部分を整え、引っかかりやすい角の部分をやすりなどで削ってなめらかにする。出血がある場合は、洗浄・止血・保護の手順で処置しよう。

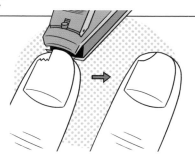

爪切りで割れた爪をカットし、爪切りのやすり部分を使って断面や角をなめらかにする。爪の内側まで割れているときは、清潔な水で洗浄した後、絆創膏などで保護しよう。

193

打撲・捻挫

安易な自己判断は危険

打撲や捻挫は日常生活でも起こるが、「打撲だから大したことはない」と安易に判断すると、骨折などの重大なケガを見落とすこともある。決してそのまま放置せず、応急処置を行って経過を見守ろう。痛みや腫れがひどくなったり、患部が変色したりするようなら、早めに病院で処置を。

1 傷口がある場合は処置する

すり傷などがある場合は、清潔な水で傷口を洗浄し、出血時は止血をしてからガーゼや絆創膏で保護する。ケガをしている部分はなるべく動かさないようにする。

2 冷やして痛みを緩和させる

ケガをしている部分にアイスパックや濡れタオルなどを当てて冷やす。冷やし始めが早ければ早いほど、痛みを和らげることができる。

3 経過を観察する

楽な姿勢で安静にしたまま、ケガの様子を観察する。腫れや痛みがひどくなっていないか、皮膚が変色していないかを確認し、悪化の兆しが見られる場合は病院に行こう。

やけど

自己処置は「軽いやけど」限定

焚き火の火の粉や、熱した火器に触れてしまうなど、キャンプ中はやけどのリスクが高め。難燃性のウェアやグローブなどの着用で予防しつつ、万が一のときは素早い対処を。自己処置は「軽いやけど」にとどめ、やけどの面積が広い、程度がひどいなどの場合は、すぐに病院に行くか救急車を呼ぶ。

1 すぐに患部を観察する

やけどをしたら、すぐに火元など危険な場所から離れ、やけどの状態を確認する。やけどの面積が小さく、皮膚が赤くなっている程度なら軽いやけどと見なし、2の処置を行う。

2 ただちに冷やす

清潔な水を患部に当てて、迅速に冷やす。冷やし始めるのが早ければ早いほど痛みが和らぎ、やけどの広がりなども抑えられる。

3 患部を保護する

感染症を防ぐため、患部に清潔なガーゼなどを当てて保護する。このとき、水ぶくれはできるだけつぶさないようにしよう。水ぶくれをつぶすと、皮膚の真皮（＝表皮の下の層）があらわになり、感染症が起きやすくなる。

熱中症

熱中症のサインを見逃さない

高温多湿の環境で長時間過ごすと、熱中症を発症しやすい。激しい発汗やめまい、体のだるさなど、軽度の熱中症の兆候が現れた場合は、ただちに冷却と水分補給を行うこと。頭痛や嘔吐、意識障害などがあるときは迷わず病院へ。熱中症はこまめな水分補給と休憩で未然に防ぐことが大切だ。

1 涼しい場所に移動する

軽度の熱中症の兆候が現れたら、活動や遊びを中断して、涼しい場所へ移動する。日陰がない場合は、エアコンの効いた車内や管理棟などを利用する。

2 楽な姿勢になり、体を冷やす

横になるなど楽な姿勢をとり、濡らしたタオルやアイスパックなどを首元や脇の下、頭などに当てて、体を冷やす。同伴者がいる場合は、濡れタオルを振って涼しい風を送ってもらう。

3 水分補給をする

飲食が可能な場合は水分を補給する。できれば、糖質や電解質が含まれたスポーツドリンクがベスト。水分補給後の体調変化に気を付けながら、十分に回復するまで安静にする。

脱水症状

こまめな水分補給で予防

血液や唾液、消化液などを含む体内の水分が不足した状態が続くと、体温調整ができなくなったり、頭がもうろうとしたりして、迅速に対応しないと危険な場合がある。

口の中が乾燥する、めまいがする、ボーッとするなどの症状が現れたら、脱水の可能性大。水分を少しずつ摂取し、状態に合わせて体を温めるか冷やすかしながら安静に過ごそう。会話もままならないほど意識がもうろうとしている場合は、救急車を呼ぶこと。

作業や遊びを一旦やめて状態を確認する。軽度の脱水症状であれば、楽な姿勢で体を休めながら少しずつ水分を取る。体温調節が難しい場合は、体の保温や冷却もしっかりと。

低体温症

初期症状のうちに素早く対処

寒冷時のキャンプや、水遊びの際に、「青白くて冷たい皮膚」「激しい震え」などが見られたら、低体温症のサイン。寒い時期だけでなく、夏場であっても注意が必要だ。症状がひどくなると身体機能が低下し、さらには死に至る場合もある。

一度低体温症になると、回復までに時間がかかるため、気温や活動内容に応じて、防寒着などで体温調節をしたり、服が濡れたら着替えたりして、発症を未然に防ごう。

なるべく暖かい場所へ移動し、衣服が濡れている場合はすぐに着替える。ブランケットやシュラフなどで全身を覆い、熱が逃げないようにする。ぐったりした状態など、尋常でない場合は病院で処置を。

必要なアイテムと注意すべき点

キャンプをする際は、自分たちで基本的なケガなどに対処できるように、応急救護に必要な知識を身につけ、アイテムを準備しておこう。

次のページで紹介する救急アイテムのほか、総合感冒薬や下痢止めもあると安心だ。また、持病の薬など、日常で服用している常備薬は、各自で用意しておこう。

救急セットは日頃から使用しておくことが大切。使いこなせるようになるのはもちろん、使用期限が切れたものが入ったままになっている、ということ

とも避けられる。救急セットを仲間に貸す場合は、対象者の医薬品に対するアレルギーにも注意しよう。

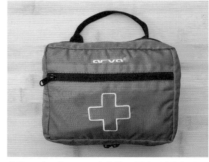

救急セットのケースは、すぐ見つけられるような、わかりやすい色やデザインのものがよい

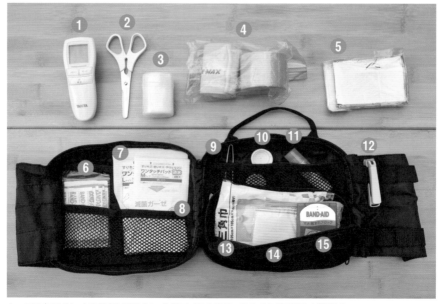

ケースの中にポケットや仕切りがあると、救急アイテムが見つけやすく、取り出しも簡単だ

救急セットの中身

❶体温計	熱中症や低体温症、かぜの症状が現れたときなど、体温チェックが必要なときに使用する。短時間で正確に測定できる電子体温計が使いやすい。
❷はさみ	テーピングテープやガーゼなどをカットする際に使用する。問題なく切れるかを確認し、刃の部分はつねに清潔にしておく。
❸伸縮包帯	滅菌ガーゼで傷口を保護した後に巻いたり、アイスパックを固定したりするときなどに使用できる。あらゆる部位に巻きやすく、締め付け感が少ない。
❹テーピングテープ／伸縮バンド	ガーゼや包帯を患部に固定するときに用いる。曲げ伸ばしの多い関節周りには、テープよりも伸縮バンドが向いている。
❺エマージェンシーブランケット	薄いアルミ箔のようなシートで、体を包むとしっかり保温することができる。水をはじくので、防水シートとしても使用可能。
❻絆創膏	軽度の切り傷やすり傷など、簡単な傷の処置に用いる。大小さまざまなサイズを用意しておくと、傷の範囲に合わせて使い分けられ便利。
❼傷口保護パッド	傷口の保護に役立つパッドで、絆創膏と同じく簡単に貼れる。サイズが各種あり、大きな傷口に使用できるものもある。
❽滅菌ガーゼ	止血や傷口の保護などに使用する。重ねたり並べたりして使えるので、大小2サイズほど準備しておくとよい。1カットずつ個別包装したものもある。
❾毛抜き	トゲや小さいものを引き抜くのに便利。両方の先端がぴったりと合うものを用意しよう。サビにくいステンレス製がおすすめ。
❿ペットボトルのキャップ	キャップの中心に画びょうなどで穴をあけ、新品の水のペットボトルに付け替えて使う。近くに水場がないときに、水圧でシャワーのように傷口を洗浄できる。
⓫虫刺されの薬	虫刺されによるかゆみや腫れなどの炎症を抑える塗り薬。蚊だけでなく、ブユなどにも対応しているものを選ぼう。
⓬爪切り	爪が割れたり欠けたりしたときや、指にささくれができたときに使用する。日頃から使い慣れているものがよい。
⓭三角巾	骨折の疑いがあるときに患部を固定するほか、頭部にケガを負ったときなどにも使用する。さまざまな部位を固定するには練習が必要。
⓮ポケットティッシュ	鼻をかんだり、出血の処理に使ったりと用途はいろいろ。水に流せるタイプだとトイレでも使えるので、より便利。
⓯マメ・靴ずれ用保護パッド	クッション性があり、マメや靴ずれの発生や悪化を抑えることができる。汗や水に強い防水タイプがおすすめ。

さまざまなリスク対策

これまでに紹介したケガや病気に加え、自然界にいる動植物や雷の発生などにも注意が必要だ。さまざまなリスクから身を守る術を見ていこう。

虫・植物・動物対策

危険性のある虫との接触を避ける

自然界では多種多様な動植物が暮らしている。彼らにしてみれば、キャンプにやって来る人間は「侵入者」であるため、自らの身を守るために攻撃を仕掛けてくることもある。

虫で遭遇しやすいのは、蚊、スズメバチ、ムカデ、マダニなど。なかでもスズメバチは攻撃性が強く、何回も繰り返し刺してくるので、重症化のリスク大。黒っぽい色の服や香りの強い化粧品類の使用を控え、1匹でも見かけたら静かにその場を離れよう。

また、マダニにかまれると感染症を発症する恐れがあるので、山中や草むらに入るときは、できるだけ皮膚の露出を避けるべきだ。

蚊

ムカデ

スズメバチ

虫を遠ざける明かりの使い方

手元・足元が見えづらくなる場合は、ライトの光量や向きを調節しよう

夜間に明かりを灯した途端、どこからともなく寄ってくる虫たち。明かりの設置を工夫すれば、虫を遠ざけることができる。写真のように、テーブルなど人のいる場所から離れたところに明るいライトを、テーブル近くにはそれより暗めの明かりを設置すると、虫はより明るいほうに寄っていく。

毒やトゲを持つ植物に注意

　山などに生えている植物の中には、毒性があったり、鋭いトゲを持っていたりするものもある。ヤマウルシなどウルシ科の植物は、葉や枝をちぎった際に出る樹液に触れるだけでかぶれてしまうことがある。ウルシ科の中では毒性が弱いヌルデも、かぶれることがある。また、秋によく見かけるイチョウの実もかぶれやすいので、素手で触らないようにしよう。

　葉や茎などに鋭いトゲを持つ植物は、イラクサ、タラノキ、サンショウの仲間など多数あり、場合によっては大きなケガを負うことも。植物が生い茂った場所に入るときは、長袖・長ズボンを着用し、緩やかなペースで歩こう。

　また、十分な知識と経験がないまま、山菜やキノコなどを採って食べるのは絶対にNG。なかには有毒のものもあり、食中毒を起こす場合がある。

ウルシ

ヌルデ

イラクサ

野生動物に対する備え

　山中にはさまざまな野生動物も生息している。地域によって異なるが、ヘビ、サル、タヌキ、ウサギ、シカ、イノシシなどは基本的に「いる」と考えておこう。人間の食べ残しを狙って夜のキャンプ場に出没することがあるので、生ゴミや残飯はきちんと処理して

おくこと（→P132）。目撃したときは刺激を与えず、静かに退避しよう。

　ヘビについては、毒を持つヘビかそうでないかを見分けられるようにしておこう。ヤマカガシやマムシなどの毒ヘビは、それぞれ色や模様に特徴があるので、判別はそれほど難しくない。

マムシ

シカ

イノシシ

雷から身を守るには

避雷針のある建物内か車の中に避難

落雷は季節を問わず、海でも山でも起こりうる自然現象だ。無防備でいると、落雷によってやけどなどの重症を負ったり、場合によっては死に至ったりすることもある。

当日の天気予報で「大気の状態が不安定になりやすい」と発信されていたら、雷が発生する可能性が高い。雨雲レーダーと空の様子をこまめにチェックし、ゆとりをもって避難しよう。

電波の状態が悪く情報が得にくい場所では、真っ黒い雲が近付いてきたり、急に冷たい風が吹き始めたりしたときが避難開始のサイン。管理棟や山小屋など避雷針のある建物内、もしくは車の中に避難しよう。テントやタープは雷が落ちる可能性があるため、安全な避難場所とはいえない。

キャンプ場での防犯対策

アクティビティに熱中しているときや、炊事場などへ行ってサイトを離れている間に、盗難に遭う事例が増えている。だれかを疑わずに済むよう、盗まれやすい環境をつくらないことが大切だ。貴重品はつねに身につけ、それが難しい場合は車内などにしまっておこう。キャンプ場によっては鍵付きロッカーを完備しているところもある。

Hasebe's CAMP COLUMN

6

次のキャンプを
もっと楽しむには?

　「次のキャンプをもっと楽しいものにしたい」。もしもそう思ったら、次のキャンプをさらに楽しいものにするためのスタートを切ったといっても過言ではありません。では、実際にどうしたら次のキャンプがより楽しくなるのでしょうか? ポイントは4つあります。

　ひとつ目は「前の失敗をクリアする」こと。前回の失敗を踏まえて、より楽に・安全に・カンタンにできるようになれば、次のキャンプは確実にグレードアップします。2つ目は「何かにトコトンこだわる」こと。料理でも、昼寝でも、クラフトでも、焚き火でも、何かにこだわってみましょう。3つ目は「宿泊日数を増やす」こと。キャンプの日数を増やすことで、楽しめることや時間が一気に増えて、充実したキャンプを過ごせます。4つ目は「キャンプ+αを楽しむ」こと。キャンプ場で過ごすだけではなく、ハイキングや水遊び、バードウォッチング、近隣の観光や地元食材を活用した料理など、何かひとつ楽しみを追加するだけで、キャンプの楽しみ方の幅がグッと広がります。

　まずはキャンプ自体を始めて、そこから、少しずつ楽しみを増やしていってみてください。

着火の仕方や薪の種類など、焚き火にこだわるのもキャンプをさらに楽しくする

知っておきたい キャンプ用語

あ・か

インナーシート（→P104）
テントの床面に敷く防寒用シート。睡眠時はシュラフの下にインナーシートとマットを重ねて使用する。

インナーテント（→P99）
テントの本体部分で、おもに寝室となる。一般的なドームテントなどは、外側にフライシートをかぶせることによって、雨風や日光から本体が守られ、浸水や結露が軽減される。

おき火（→P160）
着火した薪や炭の炎が、時間が経って落ち着き、芯の部分が赤く静かに燃えている状態。煙が少なく、火力・熱量が安定しているので、調理に適している。

ガス缶（→P64）
バーナーやランタンの燃料として使う小型のガスボンベ。CB缶（カセットボンベ缶）とOD缶（アウトドア缶）がある。前者は家庭用カセットコンロと同じタイプの細長い形状で入手しやすく価格も手頃。後者は、アウトドアでの使用を想定した、底が広く自立しやすい形状の缶。耐久性に優れ、低温下でも安定した火力が得られる。

カラビナ（→P75）
開閉できるパーツが付いたリングで、環状のものを簡単につなぐことができる。強度が高いクライミング用のほか、簡易的なキーホルダータイプもある。

クーラーボックス（→P72、124、131）
氷や保冷剤を入れて使う、断熱性の高い素材でできた保冷箱。箱型の丈夫なつくりで、長時間の保冷に適しているハードタイプと、やわらかい素材を使用した、軽くて持ち運びしやすく、使わないときは折りたためるソフトタイプが主流。その中間の、ソフトタイプより頑丈で、ハードタイプよりコンパクトに持ち運べる、セミハードタイプもある。

クッカー（→P66、124）
野外で料理をする際に用いる鍋やフライパン、ダッチオーブンなどの調理器具のこと。大小の鍋やフライパンをひとまとめにしたクッカーセットもある。

グランドシート（→P49）
テントと地面の間に敷いて使用するシート。テントの保護、雨天時の浸水防止などに役立つ。

グランピング（→P23）
「グラマラス」（＝魅惑的な）と「キャンピング」をかけ合わせた造語。キャンプ道具を持参せずに、快適な施設で自然を楽しむキャンプの形態を指す。

クワイエットタイム（→P19）
深夜から早朝にかけて、大きな音を立てずに静かに過ごす時間帯。キャンプ場によって異なるが、22時〜翌朝7時に定めているところが多い。

結露
空気中の水蒸気が水滴となること。キャンプでは、テント内外の気温差や湿度の影響を受けて、テントの内壁に水滴が生じることがある。結露が発生すると、テント内がジメジメして快適性が損なわれるだけでなく、カビやにおいの原因にもなる。

コット（→P55）
アウトドア用の組み立て式簡易ベッドの総称。寝床が地面から離れているため、地表の冷気や湿気、熱の影響を受けにくい。高さによって、ハイコットとローコットに分けられる。

さ

サイト（→P30、86）
キャンプ場内でテントの設営などが許可されているエリアのこと。一定のスペースを割り当てた「区画サイト」と、自由にスペースを確保できる「フリーサイト」の2種類に大別される。

シーズニング（→P125）
赤サビが付きやすい鉄製の鍋（スキレット、ダッチオーブン）などに適した手入れの方法。油をなじませて油膜をつくり、赤サビや焦げ付きを防ぐ。

シェラカップ（→P69）
取っ手が付いた金属製の広口カップ。直火にかけることができ、小型の鍋兼食器としても使える。

自在金具（→P97）
ロープに取り付け、張り具合を自在に変えられるようにする金具。タープ設営の際などに役立つ。

シュラフ（→P50、120）
キャンプ用の寝具、寝袋。形状は、布団をたたんだような長方形の「封筒型」と、体の形に近く、頭まですっぽりとかぶることができる「マミー型」の2種類。中綿の素材にはダウンと化繊の2種類がある。

シングルウォールテント
1枚の生地でできたテント。荷物を軽くすることができ、設営も簡単だが、内側に結露が発生しやすい。

スキレット（→P67、125）
鋳鉄製の厚手のフライパン。熱伝導と保温性に優れており、調理後はそのままテーブルに出せる。

スリーブ（→P99）
テントに縫い付けられている、ポールを通すための筒状の生地。スリーブ付きのテントは、ポールが本体から外れる心配が少なく強度が高い。

設営（→P86）
サイト内にテントやタープを立て、寝室やリビングなどの生活スペースをつくること。

前室（→P46）
インナーテントの出入口前の、フライシートが屋根になっている部分。玄関や物を置くスペースとして利用する。

ソロキャンプ（→P23）
ひとりでキャンプをすること。他人に気兼ねせずに自由な時間を過ごせるのが魅力だが、孤独感を感じやすいなど、人によって向き・不向きがある。

た

タープ（→P56、96、118）
雨や日差しを遮る屋根となるもの。サブポールやロープの使い方で、さまざまなアレンジが可能。メインポール2本とロープ6本で張る六角形の「ヘキサタープ」や、ヘキサタープよりも有効面積が広く、ゆったりと過ごせる長方形の「レクタタープ」などがある。

耐水圧
テントなどの「水の通しにくさ」を示す数値で、大きいほど強い雨に耐えられる。「mm」の単位で表す。

焚き火台（→P163）
焚き火専用の台。台の上で薪や炭を燃やすことができ、焼き網をのせて調理ができるものもある。直火禁止のキャンプ場で焚き火をする際には必須。

ダッチオーブン（→P66）
焚き火や炭を使った料理に適した、鋳鉄製またはステンレス製のふた付き鍋。煮る、焼く、蒸す、揚げるなど、さまざまな調理ができる。

ダブルウォールテント（→P47）
インナーテントに撥水性のあるフライシートをかけた、二重構造になっているテント。インナーテントが結露しにくく、出入口に前室を確保できる。

着火剤（→P136）
薪や炭などの着火時に使用する燃焼剤。オガクズなどに燃焼剤を練り込んだものや、ゼリー状のものなどがある。

デイキャンプ（→P19、22、39）
宿泊をともなわない、日帰りでの野外活動。キャンプ場での宿泊がなく、比較的少ない荷物で行えるため、初心者でも気軽に楽しめる。

撤収（→P112）
テントなどのキャンプ道具を片付けること。テント類を干す時間なども考慮し、チェックアウトの2時間前には作業を始めたい。

テンション（→P93）

ロープの張力、張り具合のこと。ロープをピンと張ることを「テンションをかける」という。

テント（→P46、98、104、116）

金属製の骨組みと幕でつくるアウトドア用の住居。ポールを通すことでテントの形をつくり、張り綱がなくても立つ「自立式」と、張り綱がなければ立たない「非自立式」に大きく分けられる。2～数本のポールで立ち上げる「ドームテント」、寝室となるドーム型テントと、リビングスペースとして使える広い前室を備える「ツールームテント」、1本のポールを支柱にして設営し、円錐形または四角錐などの形になる「ワンポールテント」などがある。

トライポッド

キャンプ用の三脚。焚き火台を囲むように設置し、鍋を吊り下げて調理するときなどに用いる。

は

パーコレーター（→P68）

コーヒーを抽出する器具。コーヒー（粉）と水を入れて直接火にかけ、お湯の流れを生かしてコーヒーを抽出する。

バーナー（→P64、123）

ガスやホワイトガソリンを燃料とした、アウトドア用のコンロ。ガスのほうが着火するのが簡単で扱いやすい。ソロキャンプや登山などで手軽に使える1口の「シングルバーナー」や、CB缶を燃料とする2口コンロ「ガスツーバーナー」がある。

ハイスタイル（→P58）

テーブルとチェアの高さが高いこと。テーブル高70cm程度、チェア高40cm程度が目安。ロースタイルよりも立ち座りの動作がしやすい。

灰捨て場（→P32、171）

キャンプ場に設置された、灰を捨てる場所。設置されていない場合は各自で灰を持ち帰る。

張り綱（→P95、97）

テントやタープの設営時に用いるロープ。太さ4～5mmの中ロープが一般的。

ハンドライト（→P63）

手で持てるサイズの小型ライト。テント内で枕元に置いておくと、夜間の移動時などに便利。

ハンマー（ペグハンマー）（→P90）

ペグを地面に打ち込むためのハンマー。ペグの引き抜きに便利なフック付きのハンマーもある。

火消し壺（炭壺）（→P137）

使用後の炭を入れて密閉し、安全に消火できる壺。火消し壺で消火した炭は再利用できる。

ファーストエイド（→P188、198）

ケガや病気に対する応急救護のこと。応急救護に必要なものを収納した救急セットのことを、「ファーストエイドキット」ともいう。

フライシート（→P47）

インナーテントにかぶせるように重ねて張る、撥水加工された布地。雨風の侵入を軽減するほか、インナーテント内の温度や湿度の維持にも役立つ。

ペグ（→P90、119）

テントやタープを地面に固定するための杭。素材やサイズなどはさまざまだが、長さ30cmの鍛造ペグなら十分な強度があり、あらゆる場所で使える。

ヘッドライト（→P63）

頭に装着して使うライト。両手を自由に使うことができるので、夜間の移動時はもちろん、食事中や炊事場などでも重宝する。

ベンチレーション（→P102）

フライシートやインナーテントに付いた換気口。空気が循環してテント内の快適性が高まる。

ポール（→P46、103）

テントの骨組みやタープの支柱となる棒。使用箇所によって柔軟性の有無や長さ、材質はさまざま。タープの両端を支える比較的長めのポールを「メインポール」といい、大きな力がかかるので、タープの大きさによって適切な太さを選ぶ必要がある。また、タープのサイド部分や、テントのフライシートを立ち上げるためのポールを「サブポール」という。

ホワイトガソリン（→P179）
バーナーやランタンに用いる純度の高いガソリン燃料。低温下でも強い火力を維持できるため、寒冷地でのキャンプに適している。

ま・ら

マット（→P53、121）
シュラフの下に敷くことで、地面の凹凸や冷気が緩和される。一般的に、厚みがあるほうが寝心地がよく、断熱性も高い。電動や手動ポンプで空気を入れてふくらませる「エアー注入式マット」、ウレタンにさまざまな加工をし、広げるだけで使える「クローズドセルマット」、エアー注入式とクローズドセルのハイブリッド型で、バルブを開いてマットを広げると自動的に空気が入ってふくらむ「インフレータブルマット」がある。

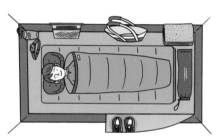

ランタン（→P62）
おもにテントサイトで使用する照明器具。LEDを光源とする「LEDランタン」、中にロウソクを灯すタイプの「ロウソクランタン」、燃料にガスを使用する「ガスランタン」などの種類がある。

ルーメン（lm）
LED照明を主とした、明るさを示す単位。キャンプ用ヘッドライトなどは100〜150lmのものが使いやすい。

レイヤード（→P76）
衣類を重ね着すること。体温調整がしやすく、体調の悪化を防ぐことができる。特に、寒冷地や、日中と夜間の気温差が大きい季節・場所では必須。

ロースタイル（→P58）
テーブルとチェアの高さが低いこと。テーブル高40cm程度、チェア高20cm程度が目安。高さが低い分、道具もコンパクトになる。

ロープ（→P92）
テントやタープを張るときに欠かせない張り綱。設営以外にも、タオルなどを干すためのランドリーロープや、小物をぶら下げるためのハンガーロープなど、幅広い用途がある。

 取材・撮影協力
※順不同／敬称略

PICA八ヶ岳明野
PICAさがみ湖
神保壽一
小森美希・小森裕五

 おもな参考文献

長谷部雅一 監修『いちばんやさしいキャンプ入門』（新星出版社）
長谷部雅一 著 『プロが教える親子キャンプ読本 アウトドアで子どもの感性を楽しく伸ばす』（メイツ出版）

監修者 アウトドアプロデューサー、ネイチャーインタープリター
長谷部 雅一（はせべ・まさかず）

アウトドア事業に関する企画・運営のほか、研修講師や登山ガイドなどを務める。アウトドアイベントでは、子どもや親子を対象としたさまざまなワークショップ講師を務め、親子の関係が深まり、楽しく学び合える場を提供している。また、保育士向けに自然体験指導者養成やコミュニケーション研修、応急救護研修を提供。プライベートでは世界一周の旅で各国を渡り歩いたほか、現在も世界中のトレイルや秘境、山への旅を続けている。おもな著書・監修書籍に『いちばんやさしいキャンプ入門』（新星出版社）、『プロが教える親子キャンプ読本 アウトドアで子どもの感性を楽しく伸ばす』（メイツ出版）など。雑誌、テレビやラジオなど、多数のメディアにて活動中。

■ スタッフ　編集協力／小島まき子、蒲谷大介（株式会社アーク・コミュニケーションズ）、岡田香絵、松岡宏大
　　　　　　写真撮影／清水亮一、田村裕未（株式会社アーク・コミュニケーションズ）
　　　　　　本文デザイン／川尻裕美（有限会社エルグ）
　　　　　　イラスト／タカヤマチグサ
　　　　　　校正／株式会社ぷれす
　　　　　　編集担当／奥迫了平（ナツメ出版企画株式会社）

（問い合わせについて）
本書に関するお問い合わせは、書名・発行日・該当ページを明記の上、下記のいずれかの方法にてお送りください。電話でのお問い合わせはお受けしておりません。
• ナツメ社Webサイトの問い合わせフォーム　https://www.natsume.co.jp/contact
• FAX（03-3291-1305）
• 郵送（下記、ナツメ出版企画株式会社宛て）
なお、回答までに日にちをいただく場合があります。正誤のお問い合わせ以外の書籍内容に関する解説・個別の相談は行っておりません。あらかじめご了承ください。

ゼロから楽しく始められる！
キャンプの教科書

ナツメ社Webサイト
https://www.natsume.co.jp
書籍の最新情報（正誤情報を含む）は
ナツメ社Webサイトをご覧ください。

2024年3月8日　初版発行
2024年11月1日　第2刷発行

監修者　長谷部雅一　　　　　　　　　　　　　　　　　　　　　　　　　Hasebe Masakazu, 2024
発行者　田村正隆

発行所　株式会社ナツメ社
　　　　東京都千代田区神田神保町1-52　ナツメ社ビル1F（〒101-0051）
　　　　電話　03（3291）1257（代表）　FAX　03（3291）5761
　　　　振替　00130-1-58661
制　作　ナツメ出版企画株式会社
　　　　東京都千代田区神田神保町1-52　ナツメ社ビル3F（〒101-0051）
　　　　電話　03（3295）3921（代表）
印刷所　ラン印刷社

ISBN978-4-8163-7512-5
Printed in Japan